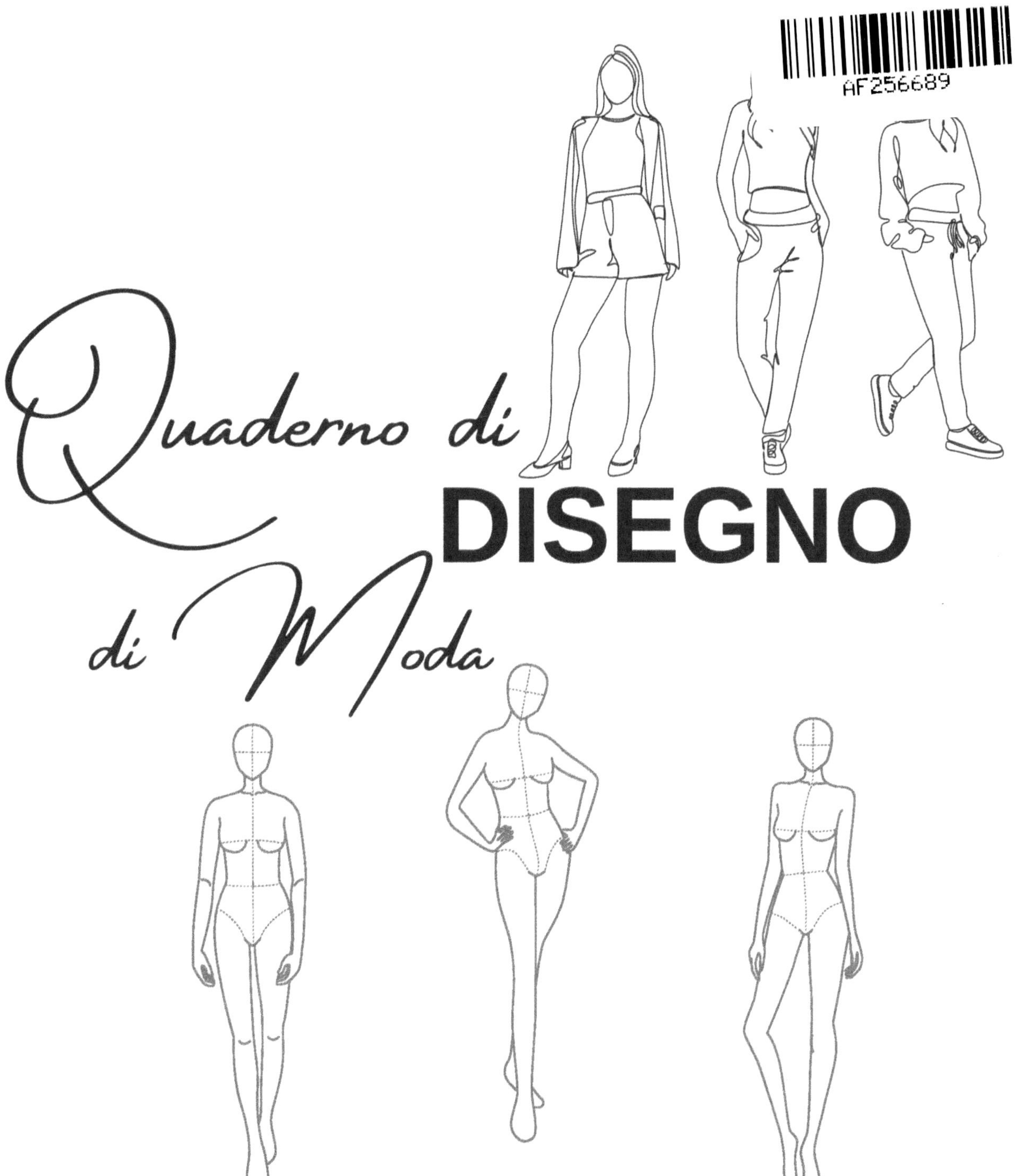

Quaderno di **DISEGNO** di Moda

MODELLI DI FIGURE FEMMINILI

Dal Principiante all'Avanzato

Niky Jadesson

benvenuto

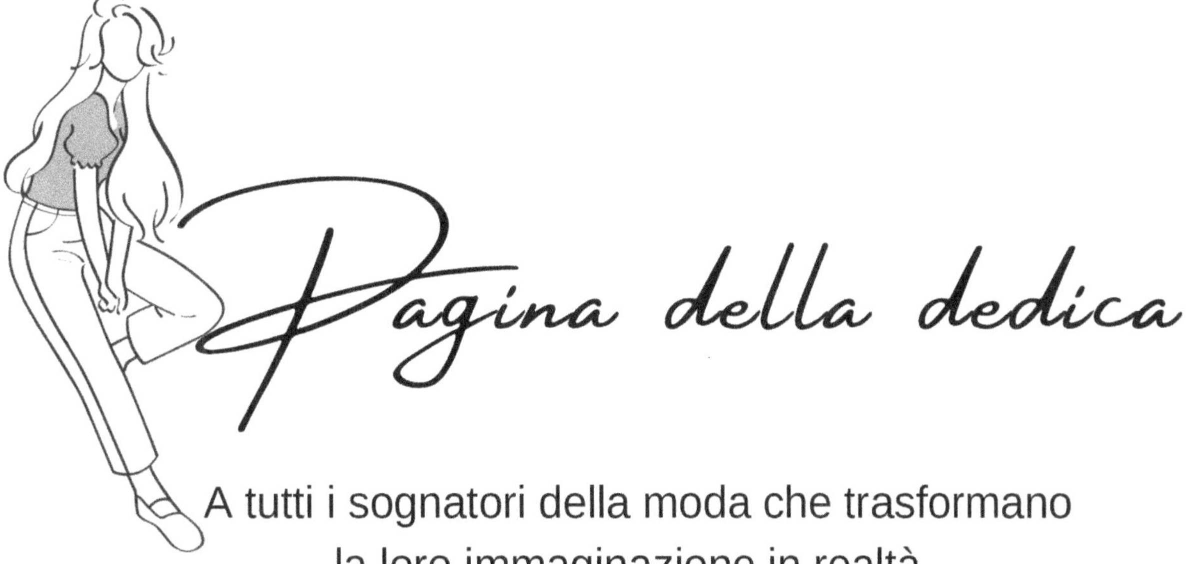

Pagina della dedica

A tutti i sognatori della moda che trasformano
la loro immaginazione in realtà,

questo libro è stato creato per voi – per esplorare, esercitarvi e progettare liberamente.

Che ogni pagina incoraggi la vostra creatività, affini le vostre capacità e vi ricordi che ogni linea tracciata avvicina la vostra visione alla vita reale.

E ai mentori, agli amici e alle persone care che ispirano questo percorso – grazie per far parte di quest'arte.

Con amore e passione,

Niky Jadesson

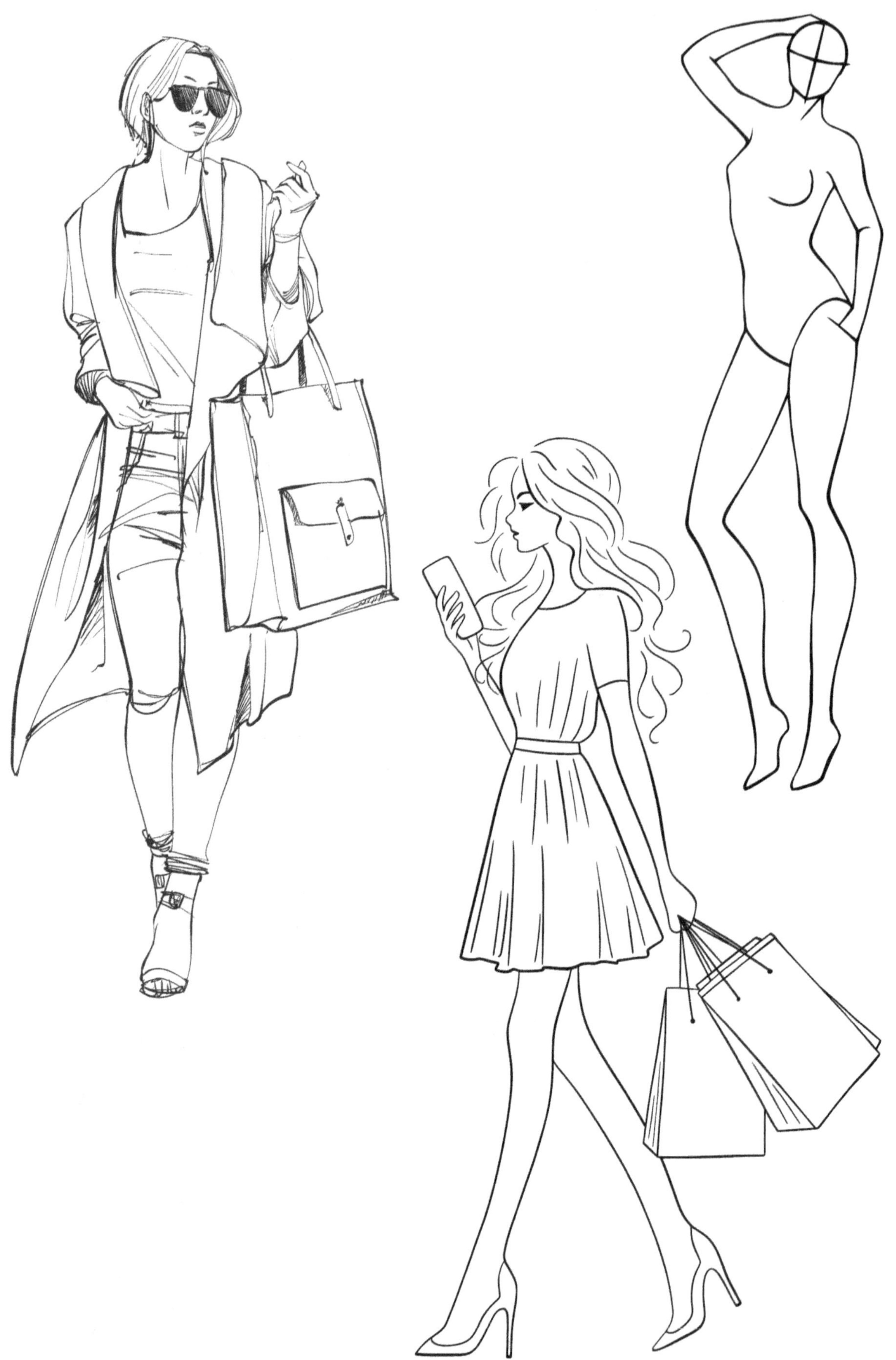

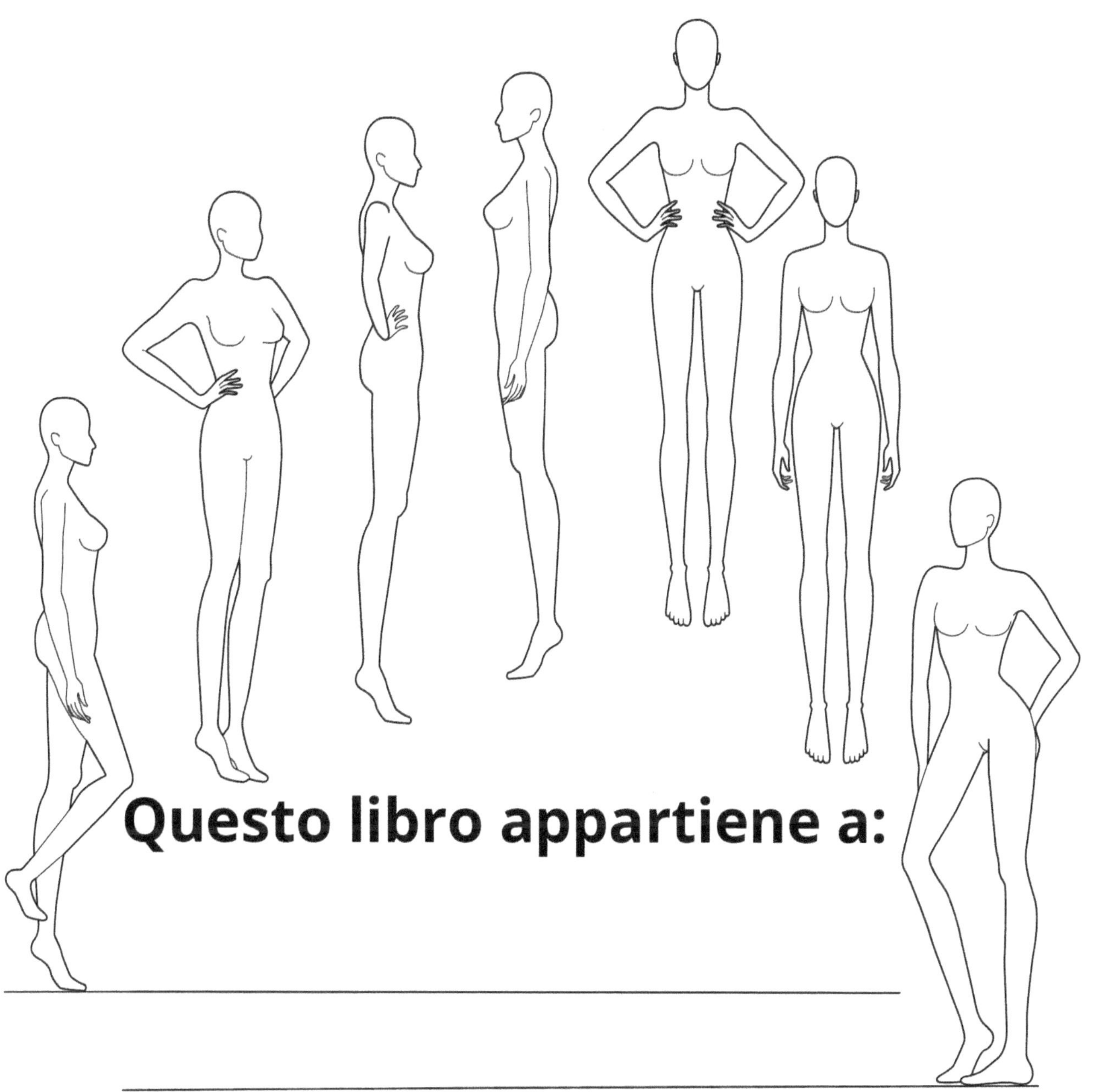

Questo libro appartiene a:

____

____

____
(il tuo nome)

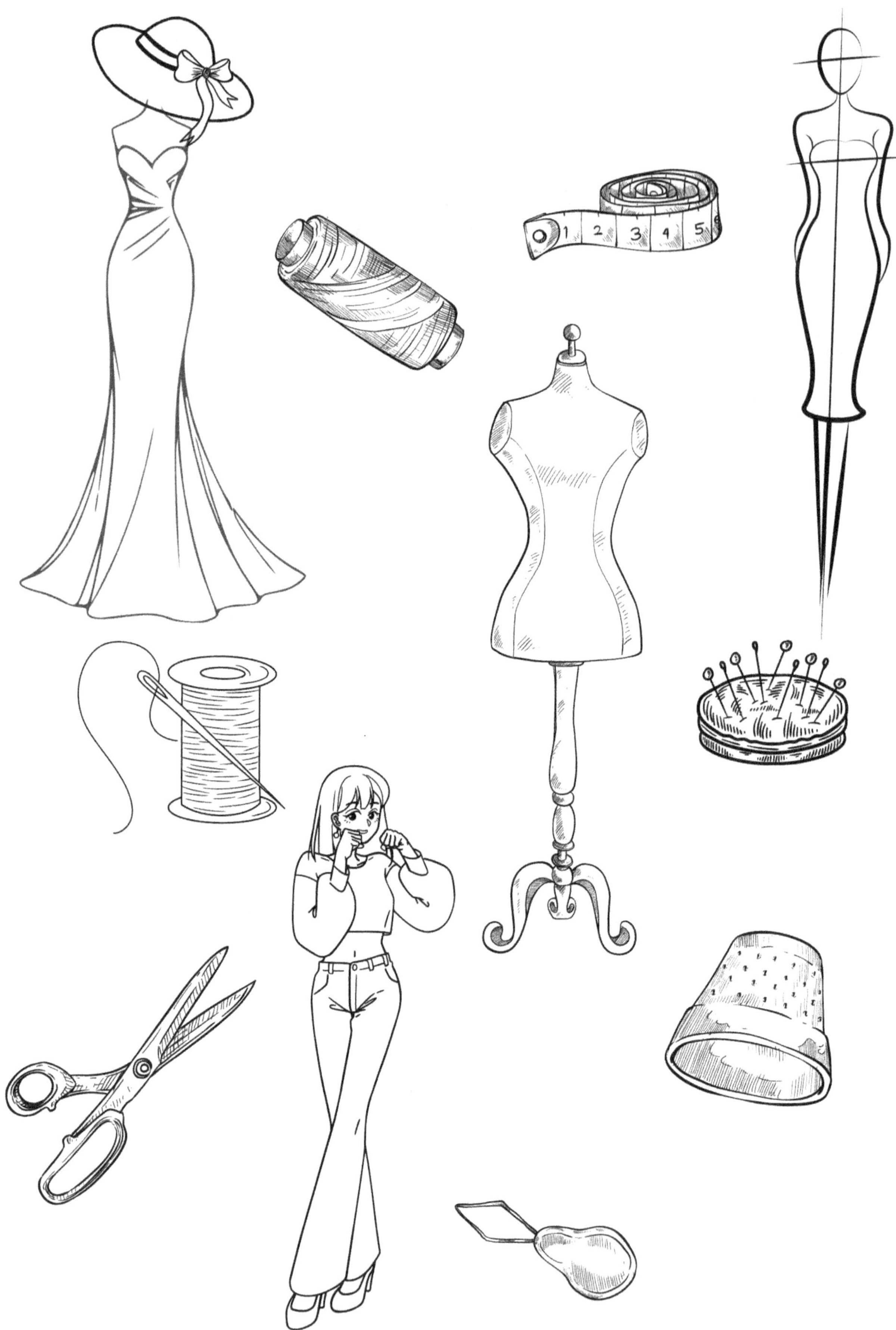

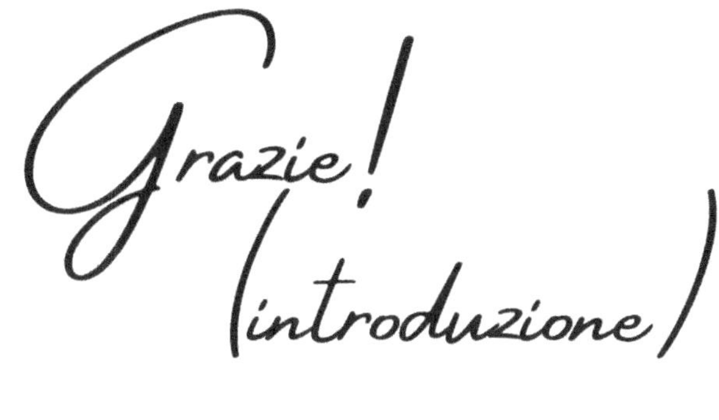
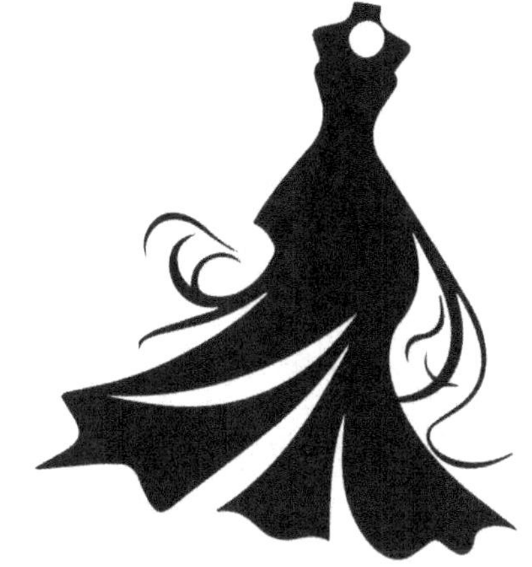

Grazie! (introduzione)

Caro amico,

ti ringrazio di cuore per aver scelto questo quaderno di disegno!

Spero che ti ispiri a disegnare, sperimentare e goderti l'arte del fashion design. Ogni pagina è un invito a dare vita alle tue idee creative.

Se desideri restare aggiornato sulle prossime pubblicazioni o condividere la tua opinione, mi farebbe molto piacere sentirti. Ti basta cercare "**Niky Jadesson Books**" online.

Il tuo supporto significa moltissimo. Se questo libro ti è stato utile, lasciare una breve recensione aiuta altri lettori a scoprirlo e sostiene l'editoria indipendente.

Con gratitudine,

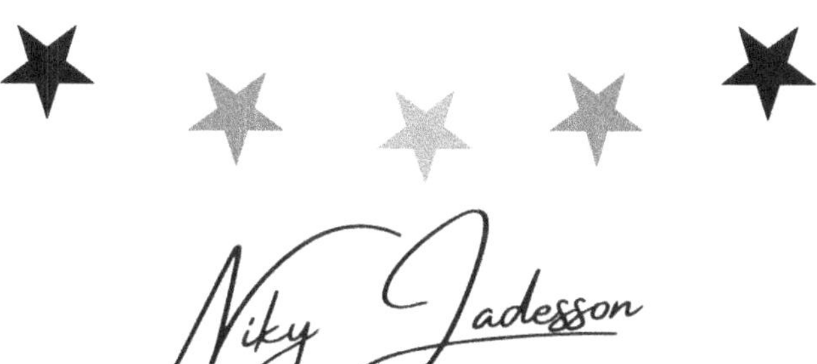

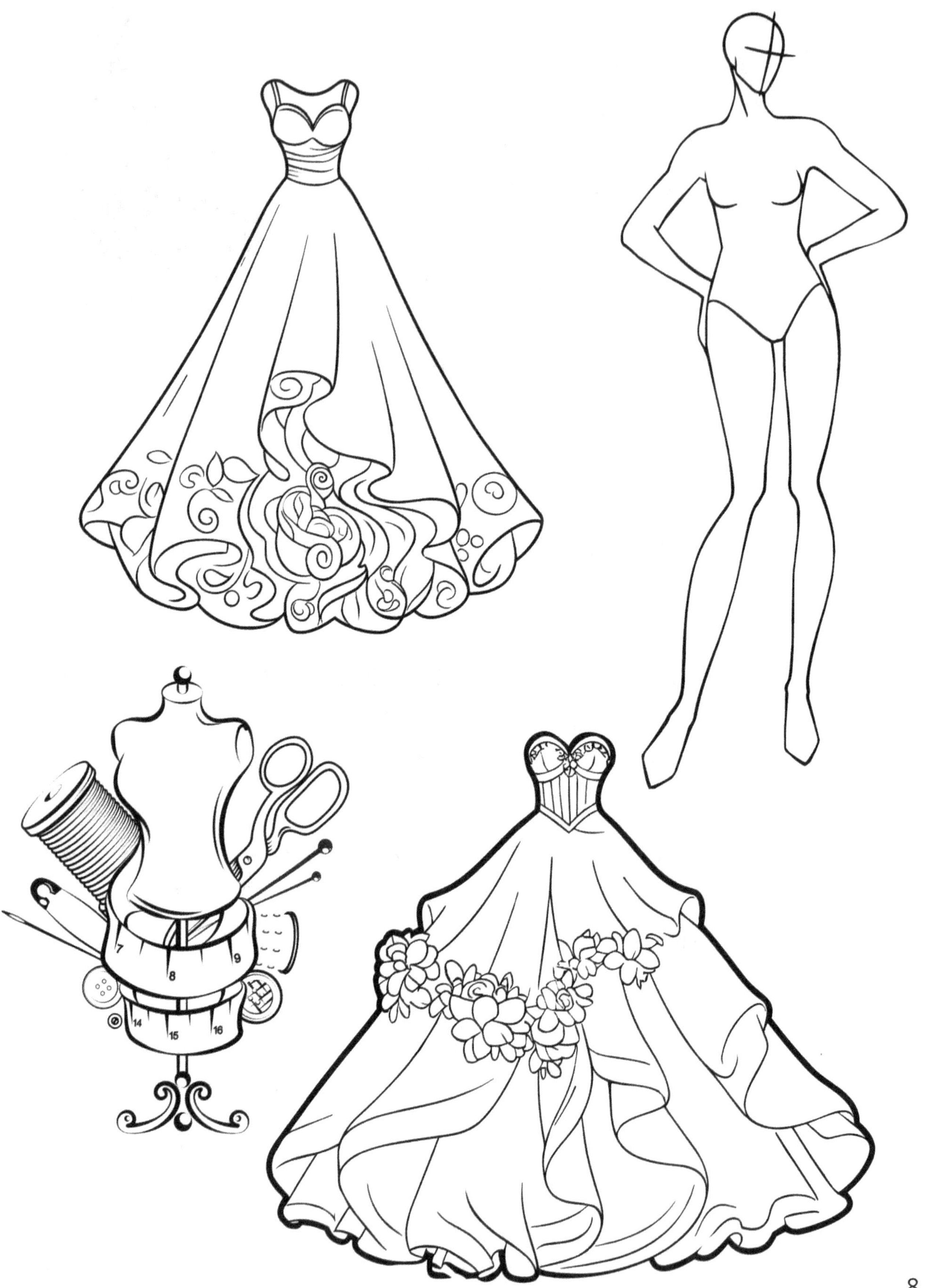

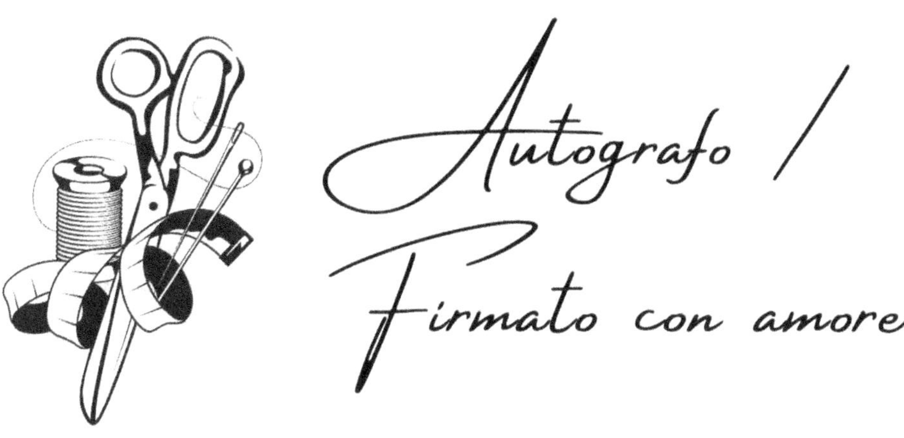

Caro _____________________,

questo quaderno di disegno è per te – per creare, progettare e celebrare la tua visione unica.

 Che ti ricordi che ogni linea tracciata è un passo verso la padronanza della tua arte.

Con tutto il mio cuore,

____

(Firma)

Data: _______________

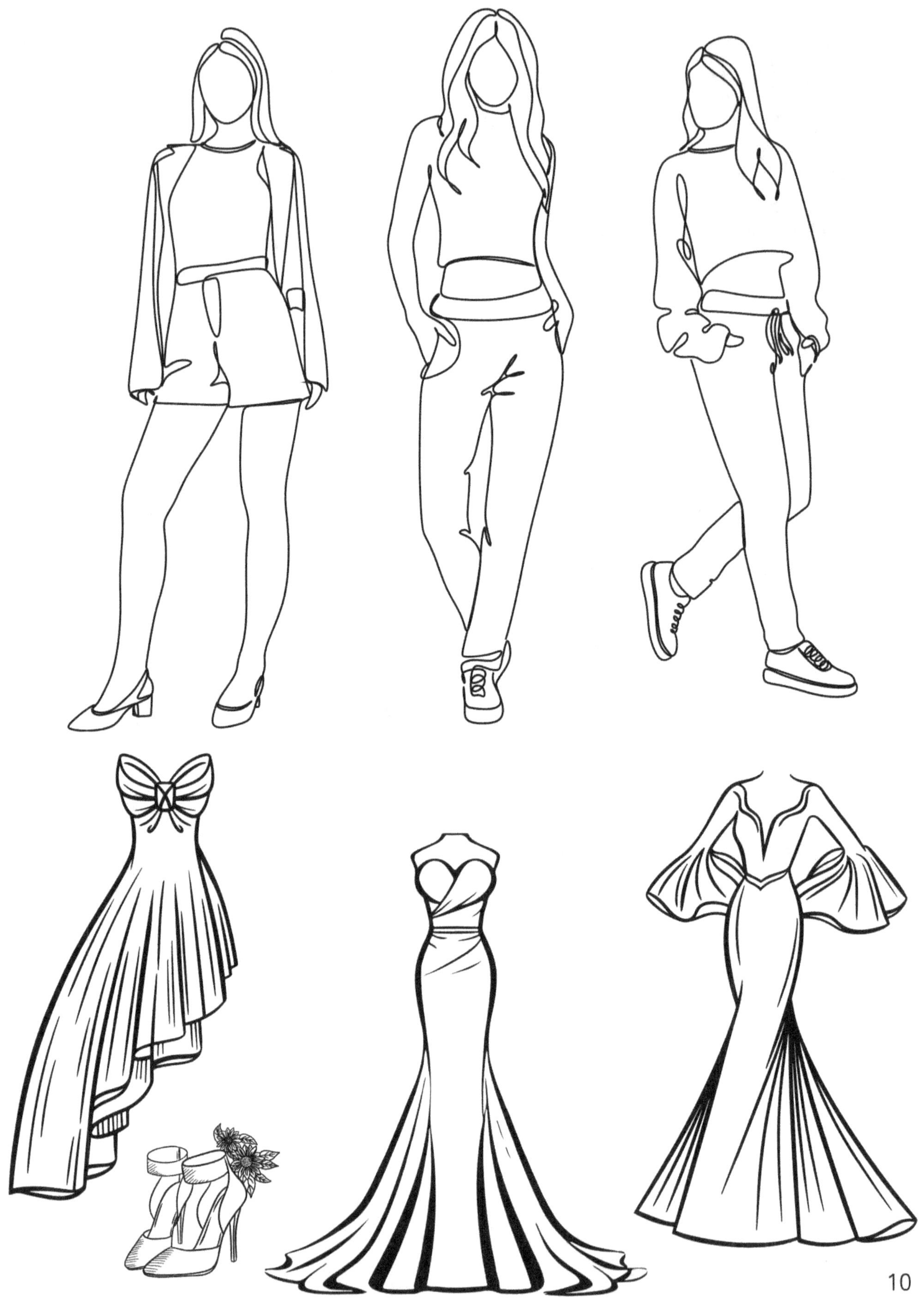

Indice dei contenuti

Parte I – Pagine introduttive

Parte II – Educazione e fondamenti

Indice dei contenuti

★ *Nota:* I modelli del corpo femminile e le pagine di pratica sono ripetuti intenzionalmente in più sezioni per favorire un apprendimento strutturato, una creatività progressiva e una varietà di design.

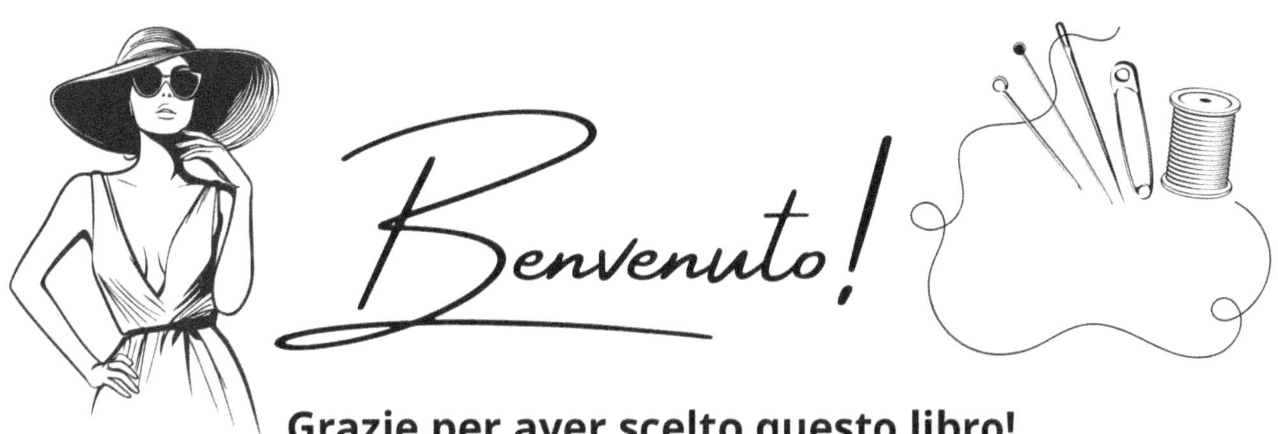

Benvenuto!

Grazie per aver scelto questo libro!

La moda è più di abiti e tendenze – è un linguaggio di espressione personale.

Ogni schizzo è una storia, e ogni design rappresenta una visione di ciò che siamo o di ciò che vogliamo diventare.

Questo quaderno è stato creato per aiutarti a esplorare, sperimentare e affinare le tue capacità, dando vita alle tue idee di moda.

Prenditi il tuo tempo, prova diverse silhouette, tessuti e stili e, soprattutto, goditi il processo.

Che tu sia un principiante o già sul tuo percorso creativo, questo è il tuo spazio per crescere e brillare.

Siamo onorati di far parte del tuo viaggio.
Buon design!

Niky Jadesson

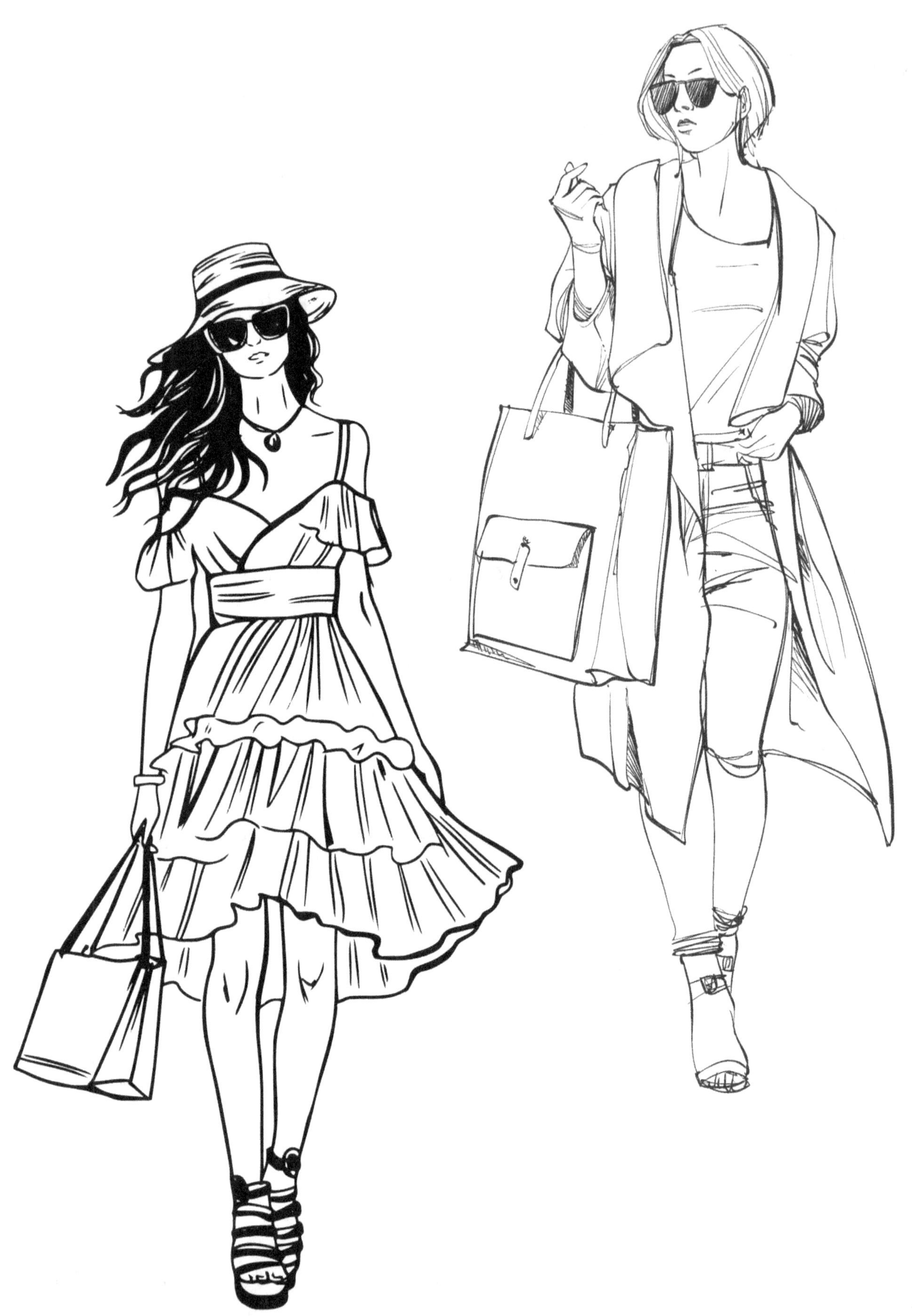

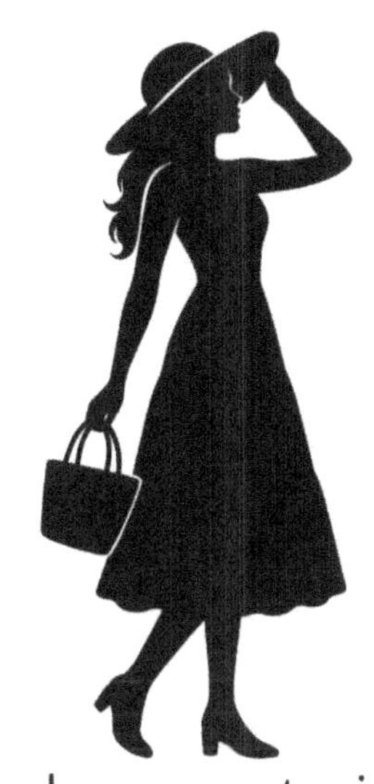

Prefazione dell'Autore

Cara lettrice, caro lettore,

benvenutə in questo viaggio creativo nel mondo del design di moda.

Questo libro è stato scritto con un unico obiettivo: offrirti uno spazio dove l'apprendimento incontra la pratica, e dove ogni pagina possa accendere una nuova ispirazione.

All'interno troverai sia guida che libertà.
Guida – attraverso spiegazioni sui fondamenti della moda, le silhouette, i tessuti e i consigli professionali.
Libertà – grazie ai modelli di figure, alle ispirazioni per gli outfit e alle pagine di esercizio, dove la tua immaginazione non ha limiti.

La moda è personale: parla di identità, creatività e sicurezza in sé.
Spero che queste pagine ti ispirino a sperimentare, a goderti il processo e a vedere la moda per ciò che è veramente: una forma d'arte.

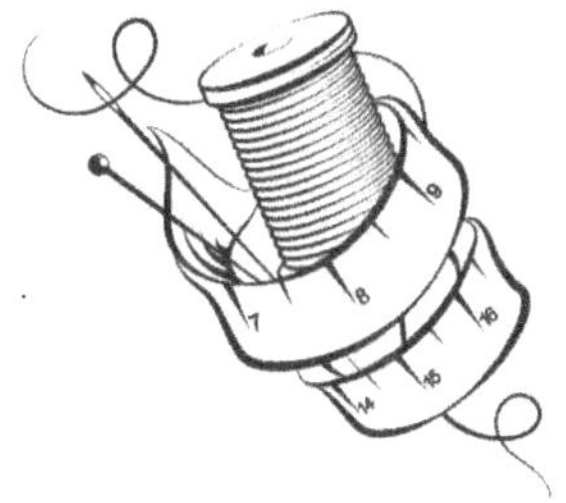

Con passione e gratitudine,

Niky Jadesson

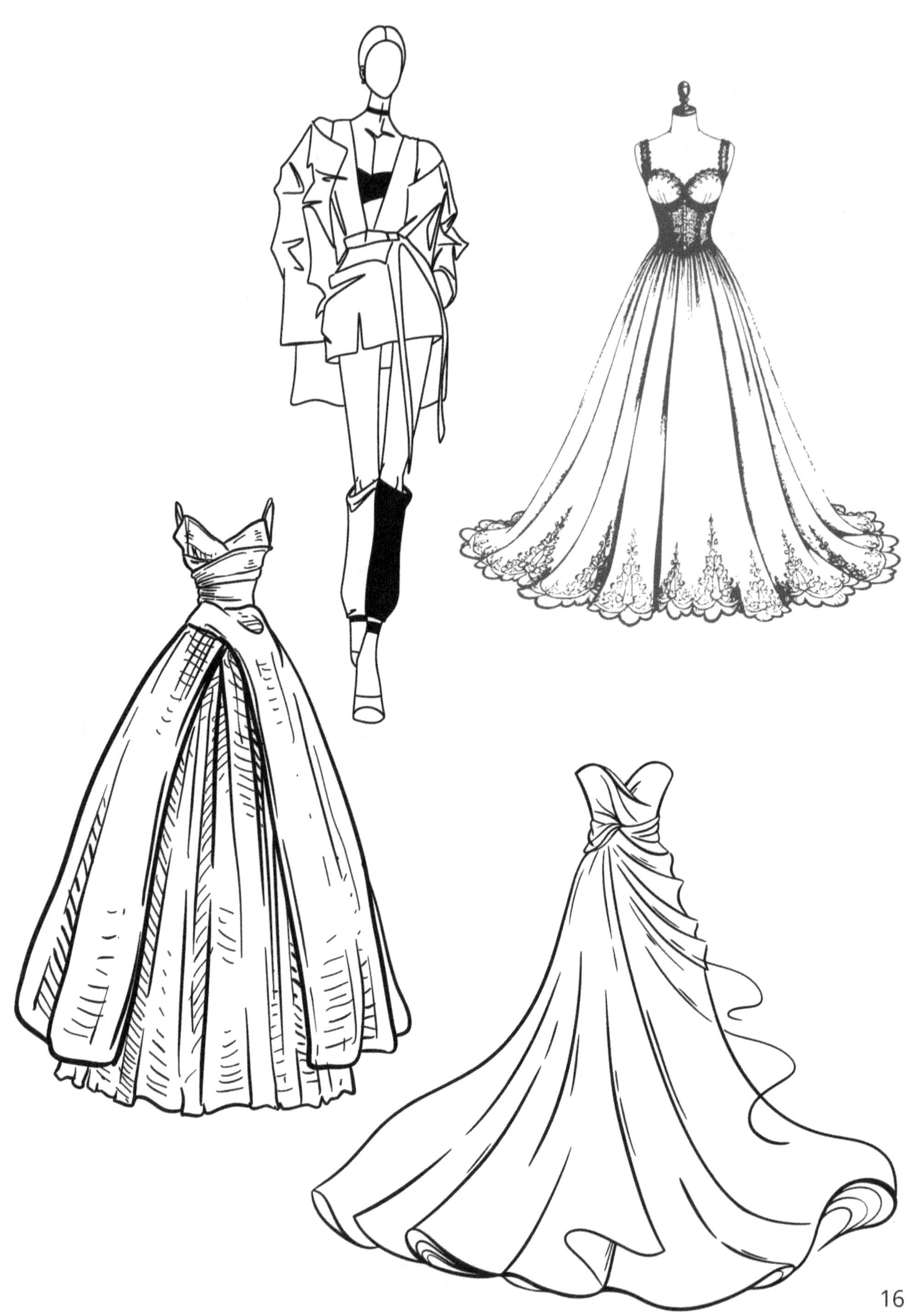

Come Utilizzare Questo Quaderno di Disegno

Questo quaderno è pensato per essere allo stesso tempo pratico e creativo.

Ti offre spazio per esplorare idee di outfit, esercitarti nelle tecniche di disegno e riflettere sul tuo stile personale.
Ecco alcuni suggerimenti per trarne il massimo:

- **Sperimenta liberamente** – Prova diverse silhouette, palette di colori e tessuti.
- **Prendi appunti** – Usa le pagine guida per annotare idee, ispirazioni o scelte di materiali.
- **Esercitati sui modelli** – Le figure sono pensate per aiutarti a visualizzare gli abiti prima di realizzarli.
- **Confronta e migliora** – Usa le pagine per foto o ispirazioni per allegare riferimenti e osservare i tuoi progressi.
- **Ripeti e affina** – Ridisegna la stessa idea con piccole modifiche. La crescita nasce dalla ripetizione.

Che tu sia principiante o designer con esperienza, questo quaderno è il tuo studio creativo personale.

I Miei Obiettivi e le Mie Ispirazioni

Il design di moda non è solo disegnare abiti – è esprimere identità, stile di vita ed emozioni attraverso ciò che creiamo.

Questa pagina è per riflettere sul tuo percorso come designer e annotare gli obiettivi che guidano la tua pratica.

Chiediti:

- Che tipo di moda voglio creare? (abbigliamento casual, haute couture, abiti da sera, street style)
- Chi mi ispira di più? (stilisti, artisti, icone o persone comuni)
- Quali emozioni voglio trasmettere con i miei capi? (fiducia, eleganza, libertà, gioia)

Scrivi qui:

- I miei obiettivi di design: ....
- Le mie ispirazioni di stile: ....
- Tessuti o colori che voglio esplorare: ....
- Abilità che desidero migliorare: ....

***Suggerimento**: Rivedere i tuoi obiettivi ogni pochi mesi ti mostrerà quanto la tua visione si è evoluta.*

Strumenti e Materiali
per il Disegno di Moda

 Avere gli strumenti giusti non significa spendere molto – ma sapere come usarli.

 Ecco l'essenziale per il disegno di moda, in particolare per la moda femminile:

- **Matite e strumenti per sfumature** – HB per schizzi leggeri, 2B–6B per ombreggiare pieghe o drappeggi.
- **Pennarelli a punta fine** – Per contorni chiari e dettagli come pizzi o ricami.
- **Pennarelli e matite colorate** – Ideali per rendere i tessuti: toni pastello per chiffon, metallici per raso, tonalità intense per velluto.
- **Righello e curve francesi** – Per linee precise su gonne, pantaloni o corpetti.
- **Strumenti digitali** – Tablet e software (Procreate, Photoshop, Illustrator) per disegni puliti e professionali.
- **Campioni di tessuto** – Toccare i materiali aiuta a capire texture e drappeggio.

***Ricorda**: non conta il prezzo dello strumento, ma come lo usi per raccontare la tua storia.*

Consigli
per Iniziare

All'inizio tutto può sembrare difficile, ma il segreto è la costanza.

- **Inizia in modo semplice** – Concentrati su abiti, top e gonne prima di passare a look più complessi.
- **Osserva e analizza** – Studia come i vestiti reali si adattano al corpo: come un abito segue le curve, come una camicetta cade sulle spalle.
- **Esercitati con le silhouette** – Prova forme diverse: a clessidra, ad A, impero, bodycon.
- **Sperimenta con i colori** – Palette contrastanti, stagionali o monocromatiche.
- **Non cercare la perfezione** – I primi schizzi servono per liberare la creatività, non per essere perfetti.

Ogni designer di successo ha iniziato con schizzi imperfetti. Il progresso nasce dalla pratica quotidiana, non dall'attesa del disegno "perfetto".

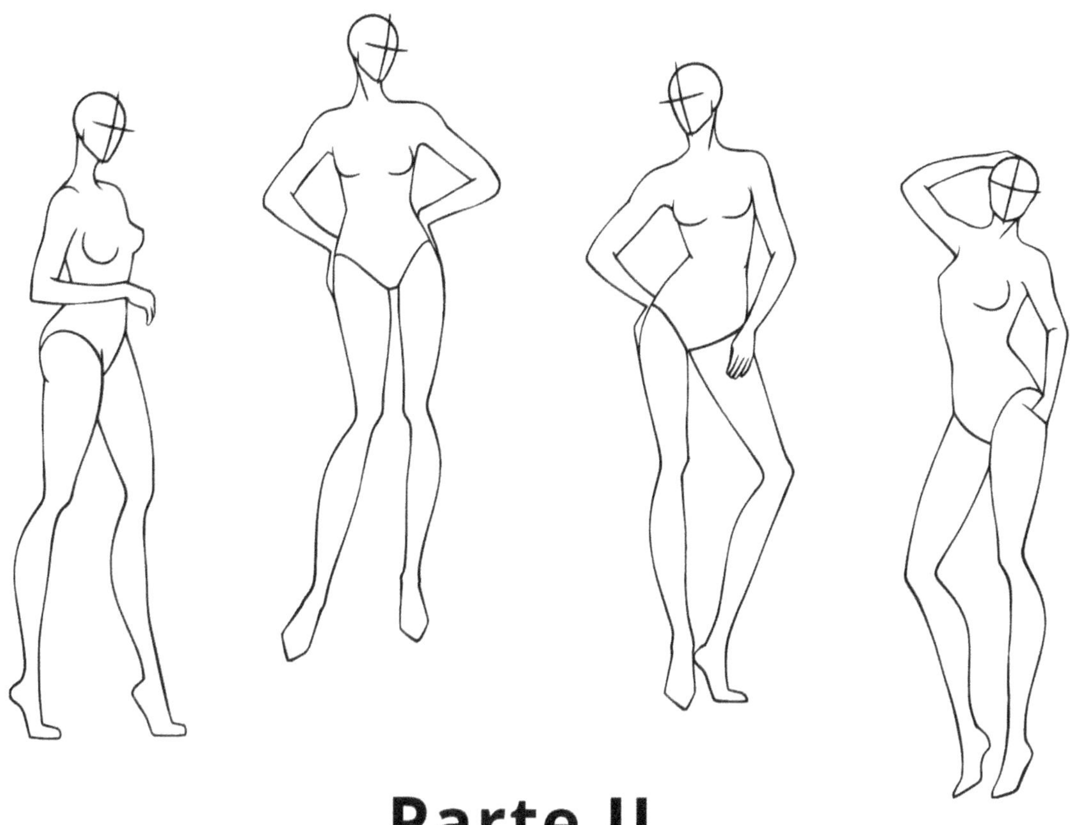

Parte II
– Educazione e Fondamenti

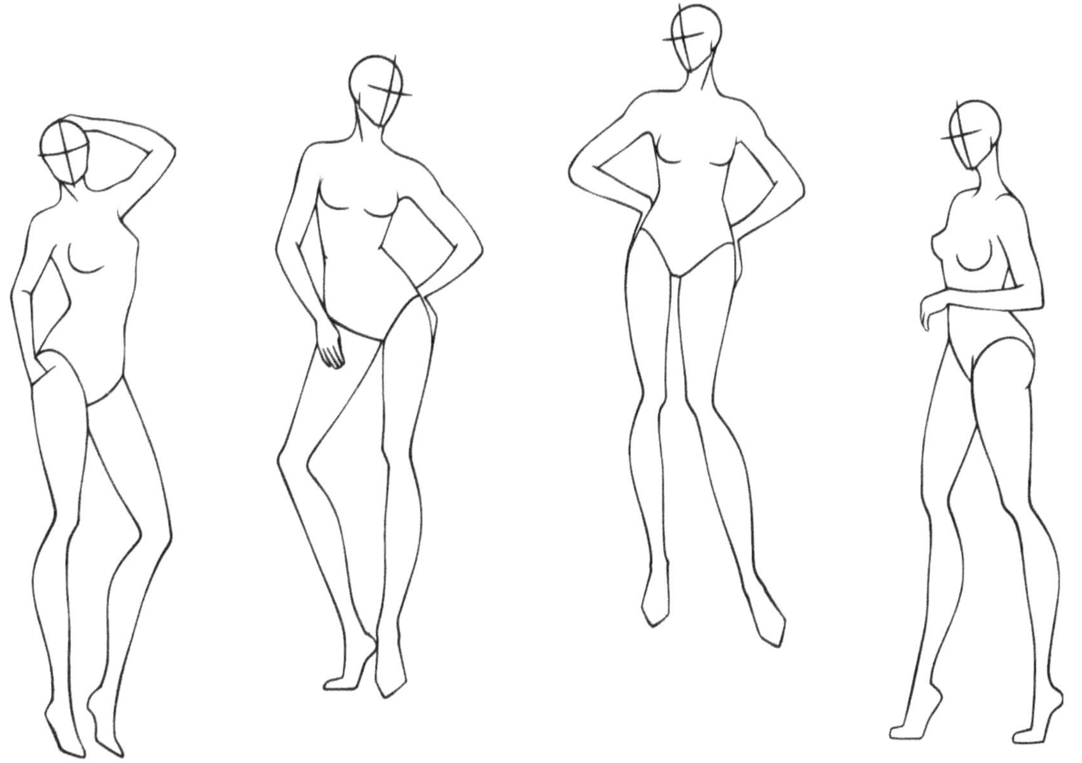

Breve Storia della Moda Femminile
– Dalle Epoche Classiche agli Stili Moderni

La moda ha sempre riflesso la cultura e l'identità di un'epoca. In particolare, la moda femminile si è trasformata nel tempo seguendo i valori della società, l'evoluzione dei materiali e il ruolo della donna nella storia.

- **Civiltà Antiche** – Le donne indossavano abiti fluttuanti realizzati in lino o lana, spesso drappeggiati attorno al corpo. Gioielli e cinture aggiungevano un tocco personale. L'abbigliamento era pratico ma comunque elegante.
- **Epoche Medievale e Rinascimentale** – Gli abiti divennero più strutturati e a più strati, simbolo di status e ricchezza. Tessuti come velluto e broccato erano riservati alle classi nobili, mentre i ricami elaborati trasformavano il vestire in una forma d'arte.
- **XVIII e XIX Secolo** – Le silhouette variarono ampiamente: dalle ampie gonne dell'epoca Rococò alle vite strette e alle sottogonne voluminose del periodo Vittoriano. La moda enfatizzava la modestia e il rango sociale.
- **XX Secolo** – Il cambiamento rapido definì il secolo. I primi decenni introdussero abiti più semplici, mentre la metà del secolo celebrò la femminilità con vite definite e gonne ampie. Le epoche successive abbracciarono l'individualità, le forme audaci e i materiali moderni.
- **Oggi** – La moda femminile celebra la diversità. Gli stili spaziano dai look minimalisti di tutti i giorni ai design sperimentali e d'avanguardia. Comfort, sostenibilità e inclusività sono importanti quanto l'eleganza.

Ogni epoca della moda racconta una storia. Ora tocca a te disegnare la prossima attraverso i tuoi schizzi.

Le Silhouette Femminili nel Tempo
– *Clessidra, Linea A, Impero, Bodycon*

La silhouette è la base di ogni design: definisce forma, proporzione e prima impressione.

- **Clessidra** – Vita stretta con equilibrio tra busto e fianchi: classica e versatile.
- **Linea A** – Aderente in alto, si apre dolcemente verso l'orlo: confortevole e lusinghiera.
- **Impero** – Vita alta sotto il seno con gonna fluida: elegante e allungante.
- **Bodycon** – Linee aderenti che seguono le curve, spesso con tessuti elasticizzati.

Ogni forma trasmette emozioni: la clessidra è romantica, la linea A giocosa, l'impero delicata, la bodycon audace.

Quando disegni, chiediti: che atmosfera voglio creare con questo outfit?

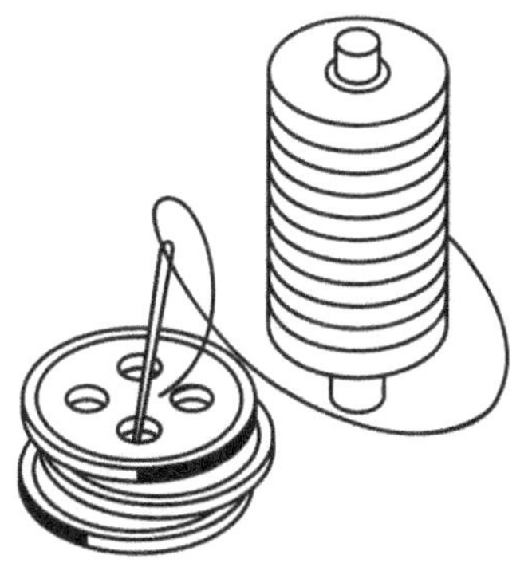

Teoria del Colore nella Moda Femminile
– Abbinamenti, Contrasti e Palette Stagionali

Il colore trasforma un semplice tessuto in una vera narrazione visiva.

- **Toni Caldi vs. Toni Freddi** – I colori caldi (rossi, arancioni, gialli) esprimono energia e passione. I toni freddi (blu, verdi, viola) trasmettono calma e raffinatezza.
- Contrasto e Armonia – I colori opposti sulla ruota cromatica creano dramma e audacia. Le sfumature vicine invece generano morbidezza e armonia.
- **Palette Stagionali** – I designer spesso concepiscono le palette come stati d'animo stagionali:
  - *Primavera*: tonalità pastello chiare, leggere e giocose.
  - *Estate*: toni freddi, freschi e vivaci.
  - *Autunno*: sfumature terrose, calde e avvolgenti.
  - *Inverno*: contrasti intensi, eleganti e decisi.
- **Psicologia del Colore** – Le tonalità chiare ampliano lo spazio e trasmettono freschezza. Le tonalità scure creano mistero e autorevolezza. I colori vivaci attirano l'attenzione, mentre quelli neutri e spenti donano delicatezza e sobrietà.

Esercizio: prova a colorare lo stesso disegno con tre palette diverse – vedrai come cambia completamente l'atmosfera del tuo progetto.

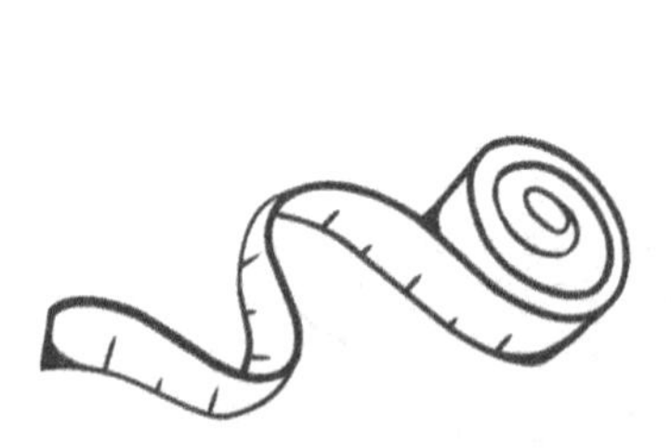

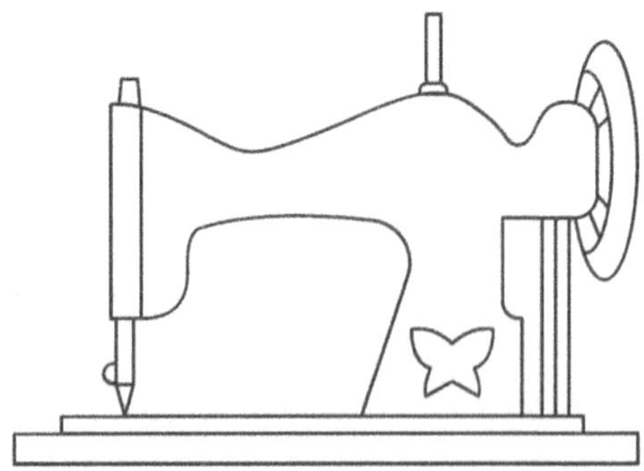

Tessuti e Texture per l'Abbigliamento Femminile
– Pizzo, Raso, Denim, Tweed

Il tessuto giusto può valorizzare o trasformare completamente un design.

- **Pizzo** – Leggero, delicato, perfetto per sovrapposizioni o look romantici.
- **Raso** – Liscio, lucente, ideale per abiti da sera e capi eleganti.
- **Denim** – Resistente, casual e versatile, presente sia nella moda stradale che nell'alta moda.
- **Tweed** – Strutturato, con una texture ricca, eccellente per capispalla e stili sofisticati.

Quando disegni, immagina come si comporterà il tessuto: cade morbidamente? Mantiene la forma? Riflette la luce?

La texture è importante quanto il taglio.

Consiglio professionale: prova a disegnare lo stesso modello in due tessuti diversi. Un completo in tweed appare formale, mentre lo stesso taglio in denim trasmette un'eleganza rilassata.

Strumenti per il Fashion Sketching

– Matite, Pennarelli, Opzioni Digitali

Gli strumenti sono i tuoi alleati nella creatività.

- **Matite** – Perfette per i contorni iniziali, le ombreggiature e i dettagli.
- **Pennarelli** – Ideali per aggiungere tocchi rapidi di colore e sperimentare con le palette cromatiche.
- **Matite colorate** – Utili per sovrapporre tonalità, sfumare e creare passaggi di colore delicati.
- **Acquerelli** – Aggiungono fluidità e texture, dando agli schizzi un effetto sognante e artistico.
- **Strumenti digitali** – Tablet e software offrono colori infiniti, texture varie e la possibilità di correggere all'infinito.

Non aspettare strumenti costosi per iniziare: anche una semplice matita e un foglio di carta possono dare vita a idee straordinarie.

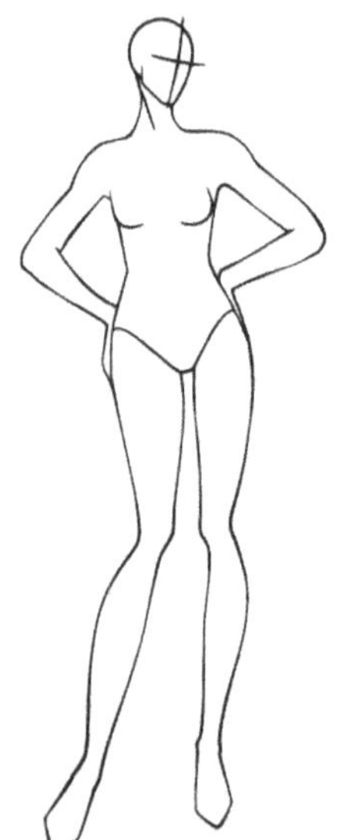
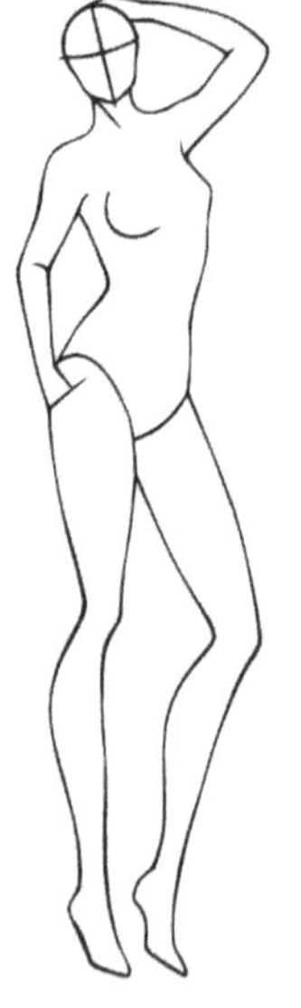
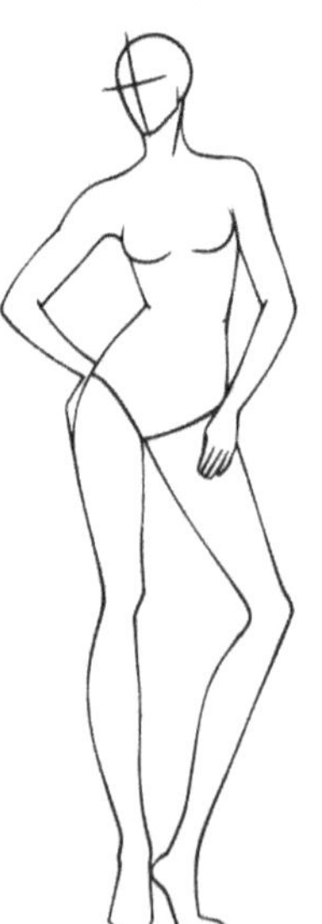
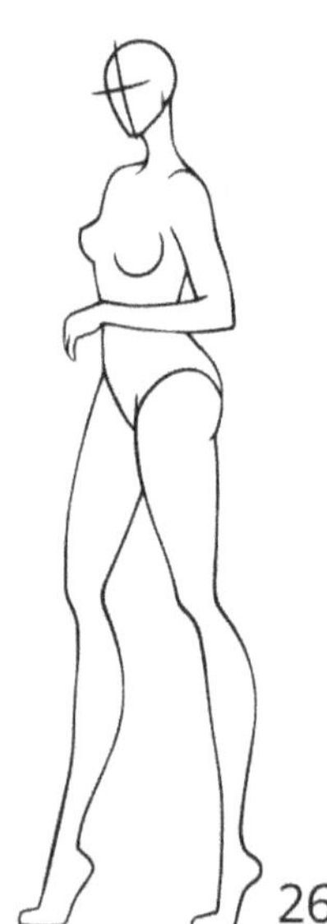

Passo dopo Passo:
– *Look Casual da Giorno (Abito, Gonna, Camicetta)*

La moda quotidiana trova il giusto equilibrio tra comfort e stile.

Prova questo procedimento:

- **Bozzetto di base** – Inizia con una silhouette femminile semplice.
- **Definisci il capo** – Pensa a tessuti leggeri come cotone o lino.
- **Aggiungi i dettagli** – Bottoni, colletti o piccoli accessori.
- **Scegli la palette di colori** – Le tonalità neutre con un tocco di colore funzionano quasi sempre al meglio.
- **Definisci la texture** – Ombreggia per mostrare morbidezza o rigidità del tessuto.

La chiave è la portabilità: un look casual deve sembrare facile e naturale, ma sempre curato e armonioso.

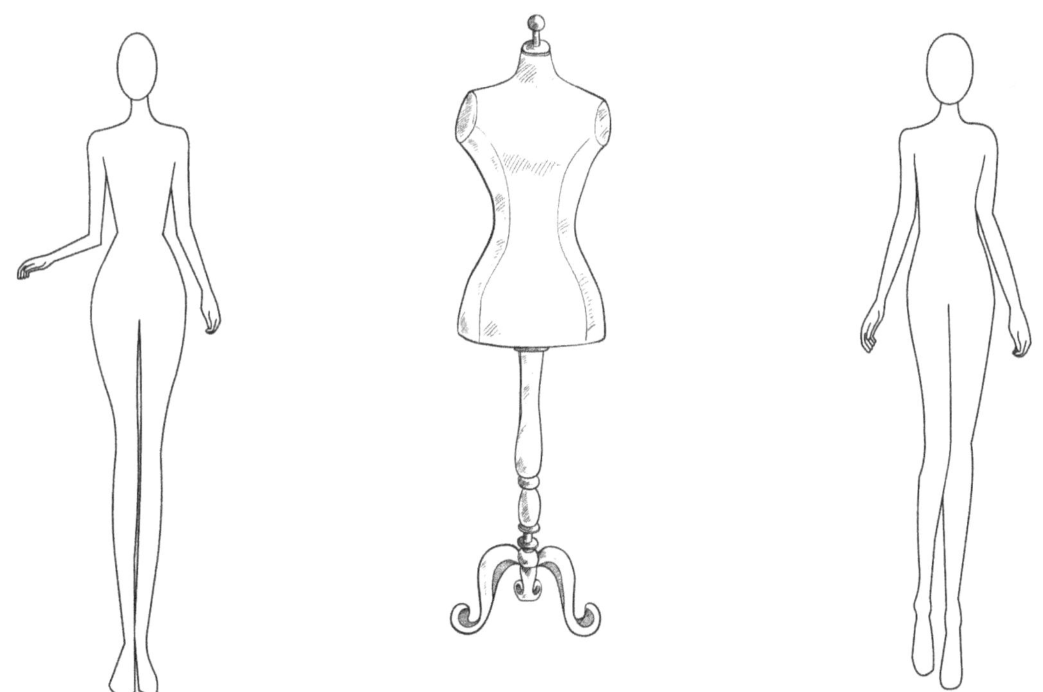

Passo dopo Passo:

Look da Sera Elegante (Abiti da Cocktail e da Sera)

L'abbigliamento da sera parla di eleganza e fascino.
Segui questo flusso di lavoro:

1. **Scegli la silhouette** – Linea ad A, a sirena o aderente.
2. **Seleziona i tessuti** – Materiali lucidi o fluidi come raso, velluto o chiffon.
3. **Aggiungi dettagli di design** – Spalle scoperte, schiena nuda, spacchi alti o decorazioni.
4. **Scegli i colori** – Toni gioiello profondi, metallizzati o contrasti audaci.
5. **Completa con accessori** – Tacchi, gioielli e una piccola pochette.

I look da sera devono far sentire chi li indossa sicura di sé, affascinante e indimenticabile.

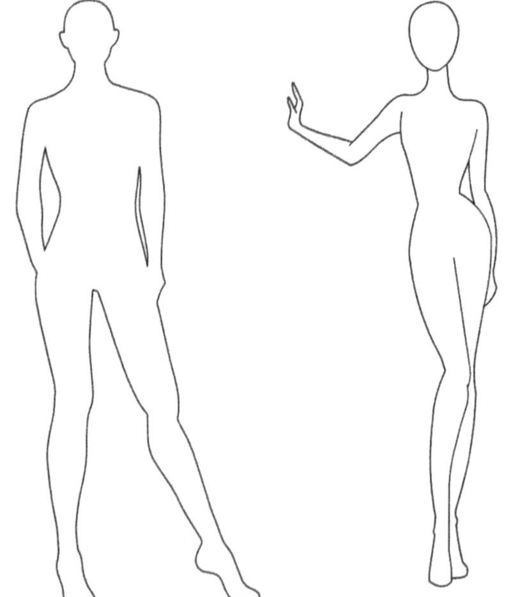

Errori Comuni nel Design della Moda Femminile

(e Come Evitarli)

Anche i designer esperti incontrano delle difficoltà. Ecco alcuni errori frequenti:

- **Sovraccaricare il design** – Troppi dettagli confondono l'occhio. Semplifica dove puoi.

- **Ignorare il movimento del tessuto** – Un bozzetto può sembrare bello, ma se il tessuto non lo supporta, l'abito non funziona.

- **Eccesso di colore** – Troppe tinte forti distraggono dal design. Mantieni una palette equilibrata.

- **Problemi di proporzione** – Una gonna troppo lunga o maniche troppo corte possono alterare l'armonia. Controlla sempre le proporzioni.

- **Copiare troppo le tendenze** – L'ispirazione è positiva, ma l'originalità distingue un vero stilista.

Ogni errore è un'opportunità. La chiave è correggere, perfezionare e migliorare.

Consigli e Trucchi per Designer di Moda Femminile

- Fai sempre diversi schizzi prima di scegliere un unico design.
- Pensa alla sovrapposizione: gli abiti sono più versatili quando i capi possono essere combinati.
- Le palette neutre possono essere potenti - non servono sempre colori vivaci.
- Disegna immaginando il movimento: pensa a come il tessuto cade e fluisce.
- Prendi nota delle tue ispirazioni - le idee svaniscono, ma gli appunti le conservano.

Creare moda non riguarda solo i vestiti, ma la storia che raccontano.

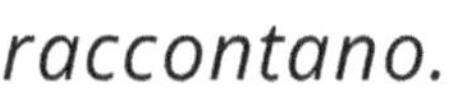

Guida Passo dopo Passo

a Questo Quaderno di Moda

Questo quaderno è il tuo studio di design su carta. Ecco come usarlo:

- **Esercitati** – Inizia con le silhouette di base fornite. Non avere fretta: costruisci fiducia e sicurezza.
- **Sperimenta** – Prova diversi tessuti, palette e forme. Usa matite colorate, pennarelli o anche campioni di stoffa.
- **Documenta** – Usa le pagine per appunti per seguire i progressi, scrivere riflessioni e raccogliere ispirazioni.
- **Crea collezioni** – Pensa a gruppi di abiti che condividono un tema comune.
- **Rivedi** – Guarda i tuoi disegni precedenti per osservare come si è evoluto il tuo stile.

Alla fine di questo quaderno, non avrai solo decine di schizzi, ma anche una visione chiara della tua identità stilistica personale.

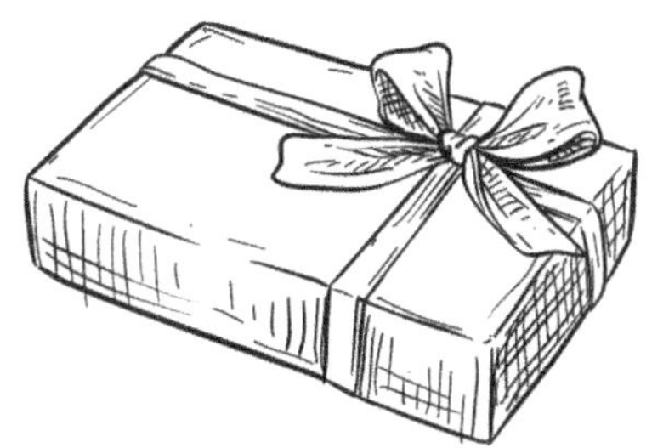

Fondamenti del Fashion Sketching:
Passo dopo Passo

Il disegno di moda è la base di ogni percorso creativo. Anche se le tecniche evolvono, seguire un processo strutturato aiuta a creare schizzi equilibrati ed espressivi.

Ecco un metodo semplice e progressivo, pensato per la moda femminile:

Passo 1: Costruisci la silhouette di base
- Parti dalle proporzioni del corpo femminile.
- Traccia linee guida per spalle, vita, fianchi e gambe.
- Ricorda: la silhouette femminile esalta spesso le curve - mantieni le linee fluide.

Passo 2: Definisci le forme principali del capo
- Aggiungi forme geometriche di base per rappresentare i capi: abiti, gonne, camicette o pantaloni.
- Pensa a cerchi per gonne ampie, rettangoli per giacche strutturate, ovali per top morbidi.

Passo 3: Aggiungi i dettagli dell'abbigliamento
- Disegna elementi come colletti, maniche, polsini, bottoni, cinture o orli.
- Usa linee pulite per mantenere le proporzioni corrette.

Passo 4: Rappresenta tessuti e texture
- Indica il tipo di tessuto con il tratto:
    o Tessuti leggeri e fluidi (seta, chiffon) → linee lunghe e curve.
    o Tessuti pesanti (denim, lana) → linee corte e decise.
    o Pizzo o texture delicate → dettagli minuti e intricati.

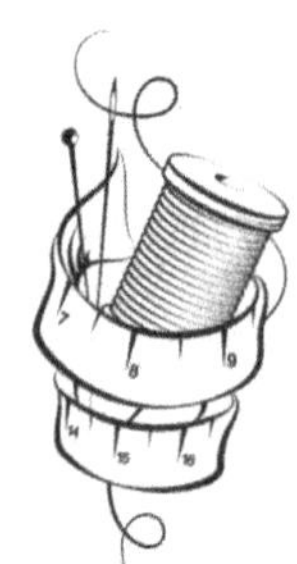

Passo 5: Aggiungi colore e ombreggiatura
- Introduci una palette cromatica: neutri, pastelli o contrasti vivaci.
- Usa l'ombreggiatura per mostrare volume, pieghe e profondità del tessuto.

Passo 6: Rifinisci e completa
- Ripassa le linee principali per evidenziare la silhouette.
- Lascia spazio per appunti: idee sui tessuti, ispirazioni cromatiche o occasioni d'uso.

Il disegno di moda non riguarda la perfezione, ma l'espressione. Questi passi ti offrono struttura, ma è la tua creatività che dà vita ai design.

Mini esercizio:

Disegna lo stesso outfit due volte - una versione casual (camicetta in cotone e gonna in denim) e una versione elegante (blusa in seta e gonna a tubino).

Nota come il tessuto e i piccoli dettagli cambiano l'aspetto complessivo.

LOOK DI MODA QUOTIDIANA SEMPLICE E VELOCE

Metti in pratica la teoria con un outfit da giorno casual e disinvolto.

La moda quotidiana riguarda comfort e stile senza sforzo, pur mantenendo la personalità.

5 Passi per Creare un Look Casual da Giorno:

1. Disegna una silhouette femminile rilassata.
2. Aggiungi una blusa leggera o una t-shirt aderente come parte superiore.
3. Completa l'outfit con jeans, una gonna o leggings.
4. Includi calzature pratiche – sneakers, ballerine o sandali.
5. Suggerisci piccoli accessori come una borsa shopper o un braccialetto.

Note di stile:

- La moda quotidiana si basa spesso su toni neutri con uno o due colori d'accento.
- Il comfort è fondamentale – tessuti come cotone o jersey sono ideali.
- Le sovrapposizioni (una giacca leggera, una sciarpa o un cardigan) possono elevare immediatamente il look.

Perché esercitarsi così:

I look casual possono sembrare semplici, ma insegnano equilibrio e proporzione. Sono anche un ottimo modo per praticare il movimento e la fluidità, poiché gli abiti casual raramente sono rigidi.

Spunto di riflessione:

- Quali colori rappresentano meglio il tuo stile "quotidiano"?
- Come cambierebbe il look se sostituissi le sneakers con tacchi o stivali?

Usa questa pagina per disegnare la tua idea di outfit veloce.

Non concentrarti troppo sui dettagli - lascia che la mano si muova libera e goditi il processo creativo.

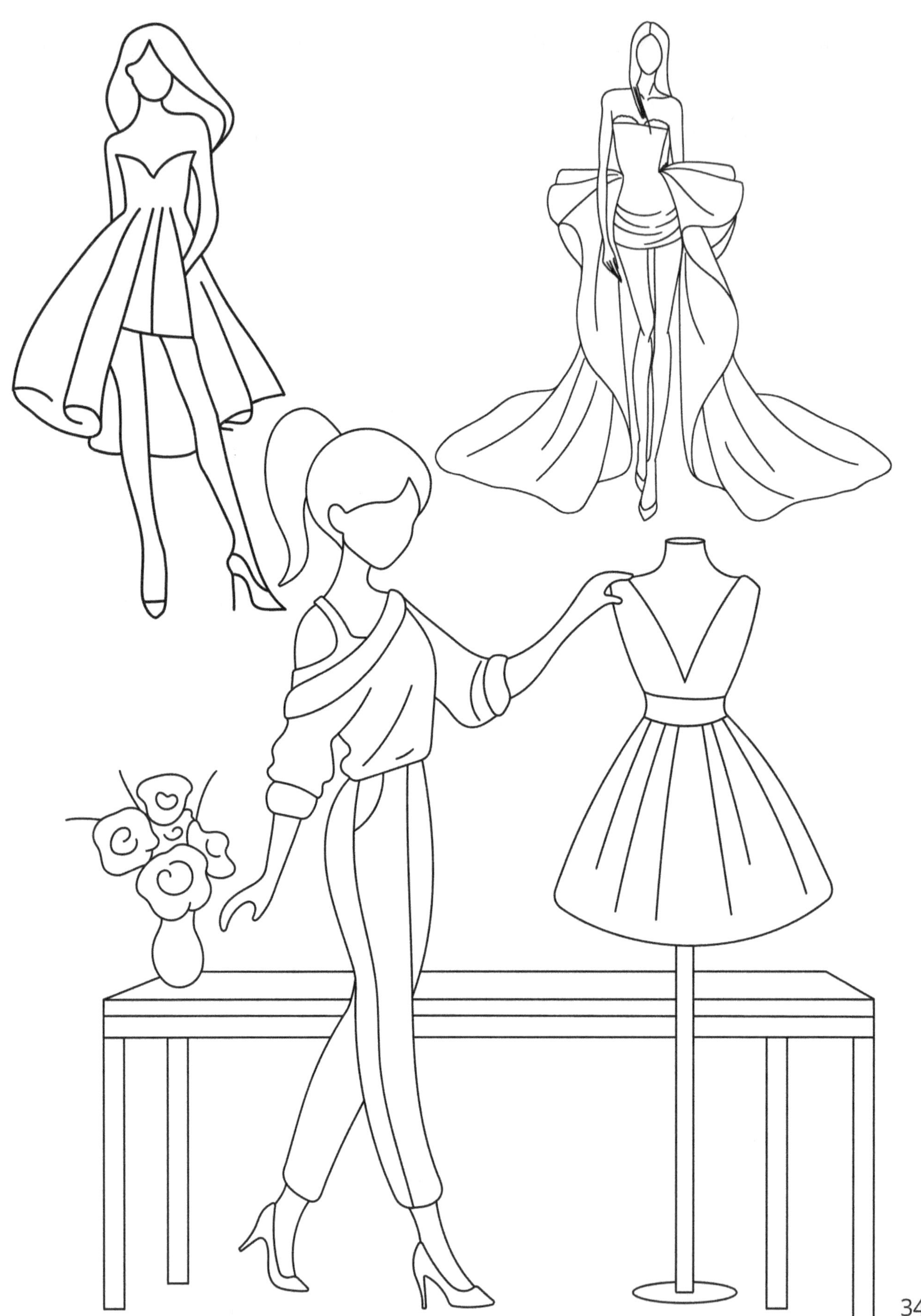

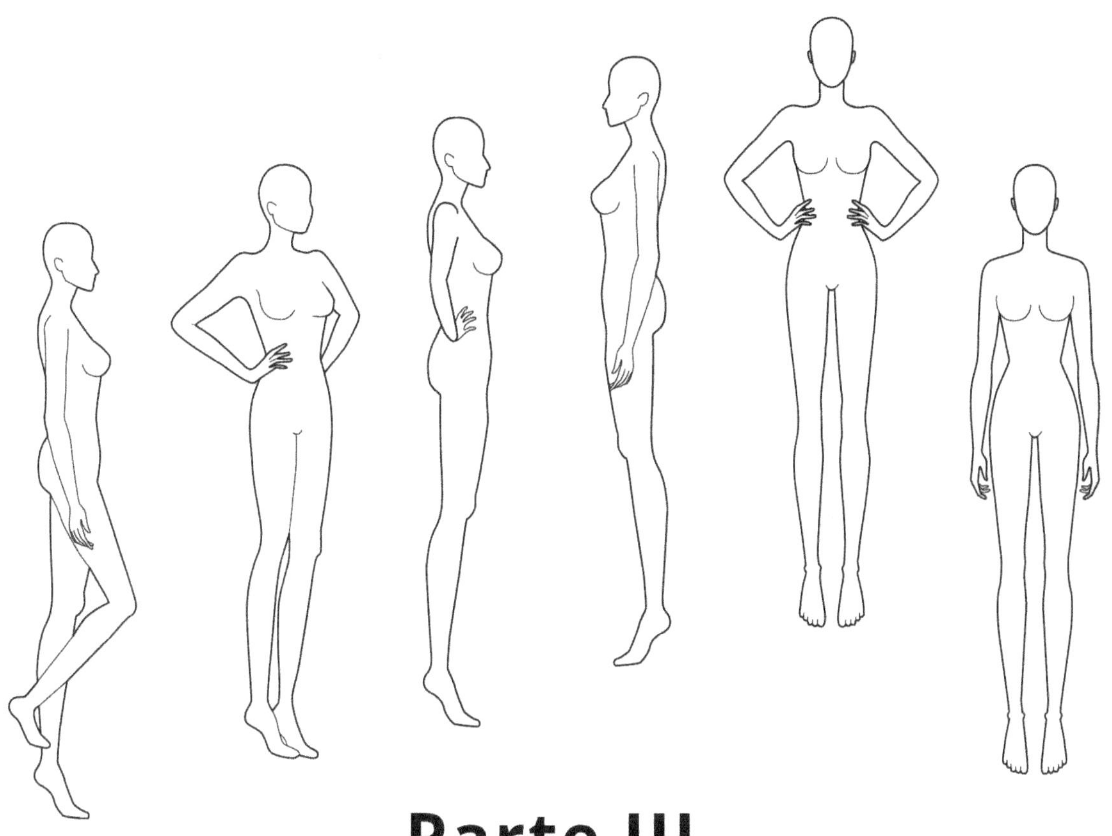

Parte III
– Quaderno e Pratica

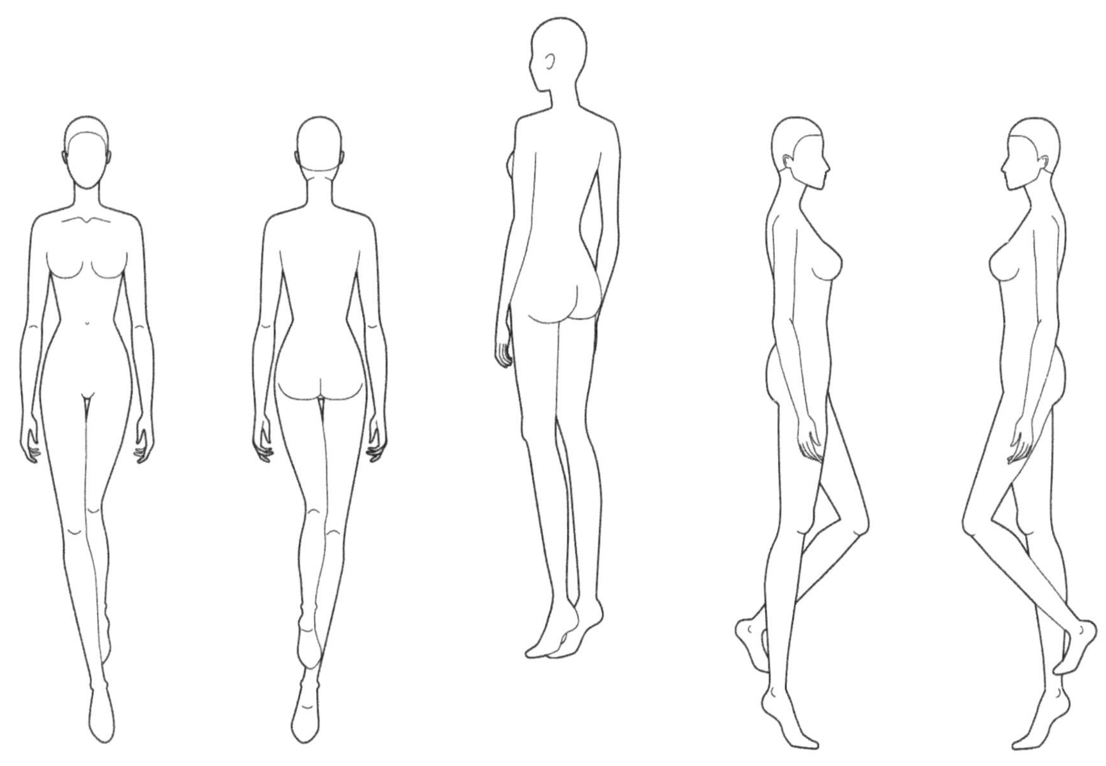

Guida alla Pratica di Moda e Note

Il fashion design riguarda l'esplorazione, non la perfezione. Usa questa pagina per provare qualcosa di audace – anche se ti sembra fuori dalla tua zona di comfort.

Gli errori fanno parte della crescita, e ogni schizzo ti insegna qualcosa di nuovo.

Come usare questa pagina:
- Sperimenta proporzioni che di solito non disegni.
- Aggiungi strati per osservare come interagiscono i tessuti.
- Usa le note per descrivere il movimento o la fluidità dell'outfit.

Riflessione & Note:
- Quale nuova tecnica ho provato oggi?
- Il design risulta equilibrato?
- Quale dettaglio potrei migliorare nel prossimo schizzo?

Trucco del mestiere*: Gli esperimenti più audaci spesso portano alle idee più originali.*

Ispirazione Outfit: Moda Stradale

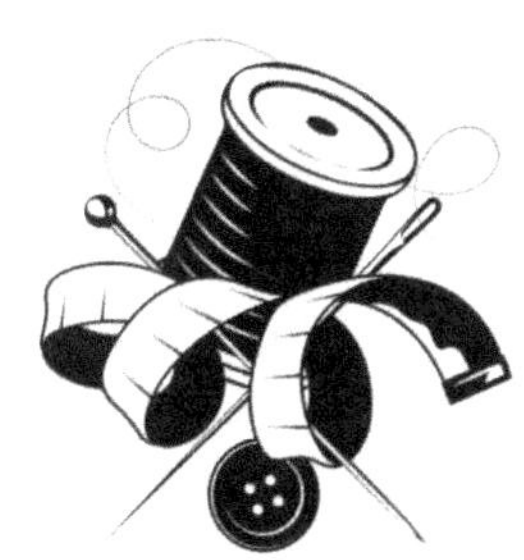

Il Potere del Layering

La moda stradale vive di sovrapposizioni – permettono creatività, versatilità e infinite combinazioni.

Inizia con una base semplice, come un top aderente e leggings, poi costruisci con camicie oversize, bomber o gilet di jeans.

Aggiungi una felpa con cappuccio sotto un trench o una camicia a quadri annodata in vita.

Ogni nuovo strato trasforma la silhouette e aggiunge profondità.

Sperimenta con i contrasti: tessuti morbidi sotto giacche strutturate o stampe audaci sopra capi basici neutri.

Il layering è anche pratico – rende un outfit adattabile a diversi climi e umori.

Prova questo: Disegna un look partendo da un crop top e pantaloni cargo, poi aggiungi una felpa con zip, una giacca oversize e sneakers.

Nota come ogni strato cambia l'atmosfera del look.

Tendenze

Ispirazioni

Tessuti

Note

Dettagli

Campioni

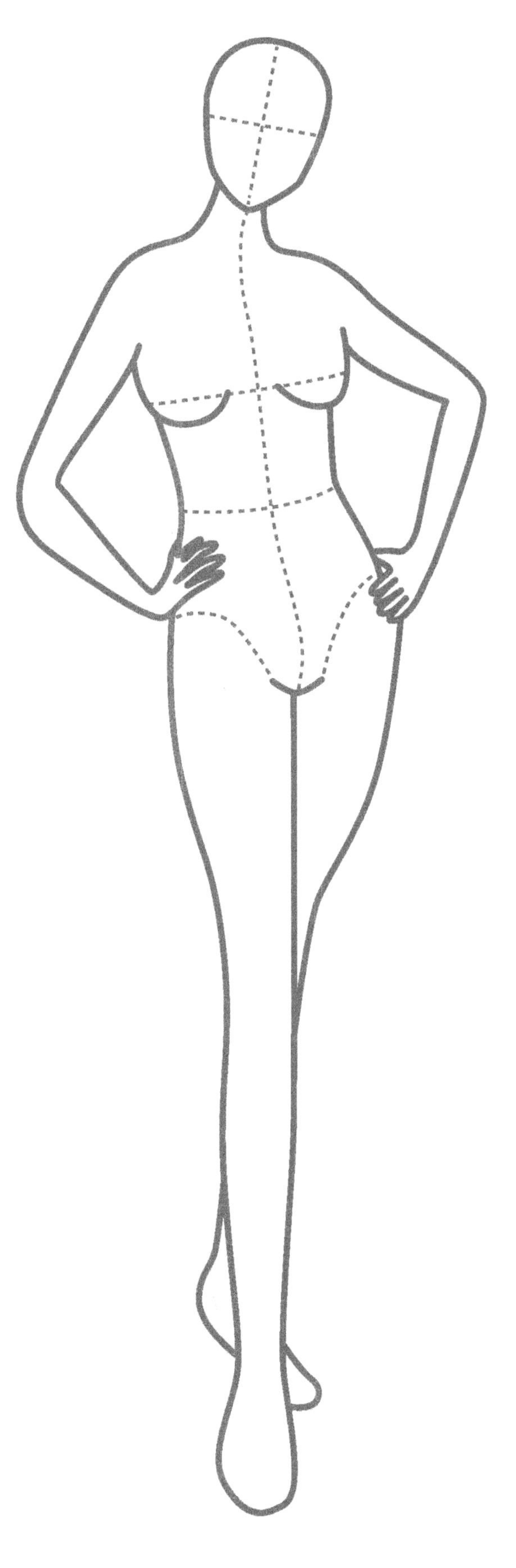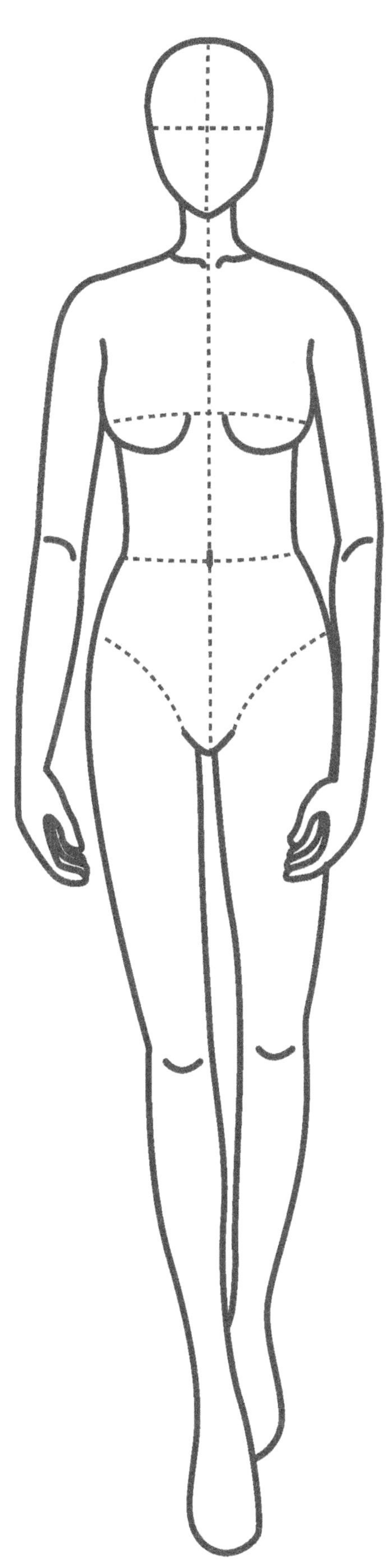

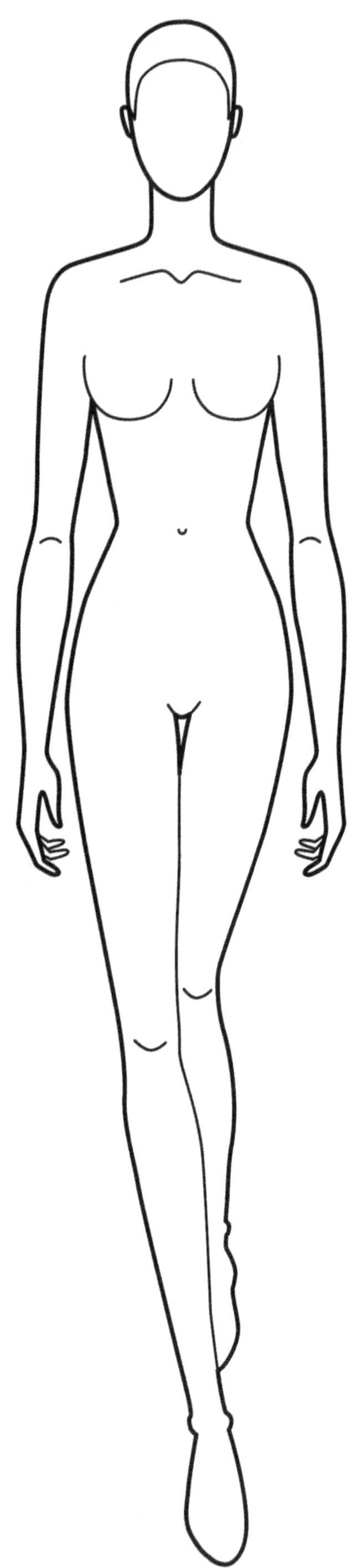
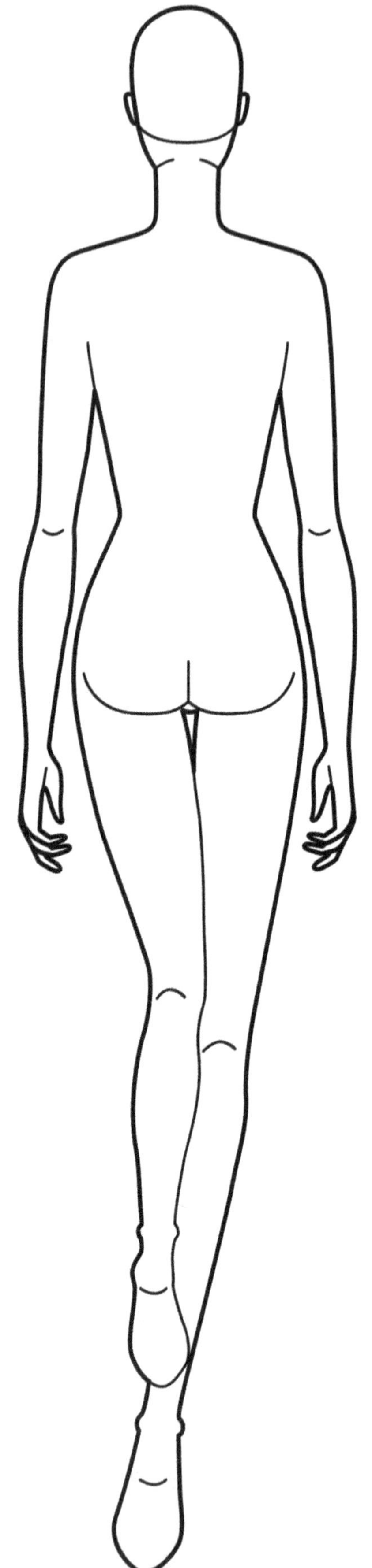

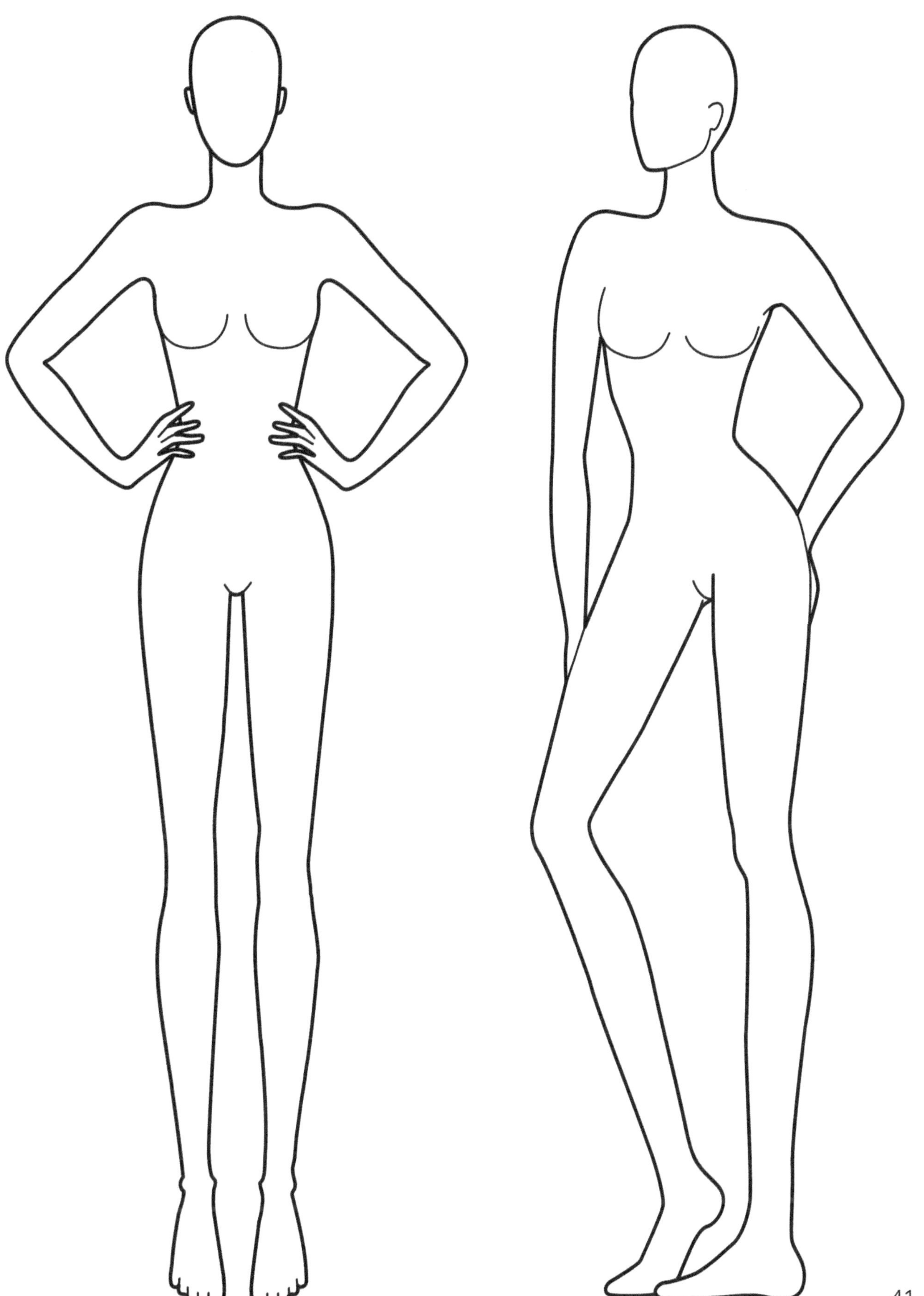

Le Tue Note & Foto d'Ispirazione

Questa pagina è la tua galleria creativa. Usala per monitorare i tuoi progressi, raccogliere i tuoi design preferiti e riflettere sul tuo percorso.

- Aggiungi schizzi, foto d'ispirazione o ritagli per dare vita alle tue idee di moda.
- Scrivi dettagli come colori, tessuti o elementi dell'outfit che ti hanno ispirato.
- Lascia spazio per il tuo "io futuro", per tornare indietro e confrontare come si è evoluto il tuo stile.

Trucco del mestiere*: Una sola immagine o un piccolo campione può ispirare un'intera collezione. Non aver paura di conservare anche i dettagli più piccoli che ti ispirano!*

Ispirazione Outfit:
Office Chic e Runway Glam

Eleganza Classica da Ufficio e Glamour da Red Carpet

Ispirazione Office Chic

Una gonna a tubino abbinata a una camicetta impeccabile non passa mai di moda. Aggiungi un blazer su misura e décolleté con tacco medio per una silhouette curata che comunica sicurezza.

Mantieni gli accessori al minimo – una borsa in pelle sottile e un orologio delicato creano equilibrio e raffinatezza. Toni neutri come blu navy, nero o crema garantiscono versatilità, mentre un tocco di rossetto rosso può ravvivare immediatamente il look.

Ispirazione Runway Glam

Per un momento da red carpet, pensa ad abiti lunghi fino a terra con tessuti fluidi. Sete lucenti e paillettes scintillanti creano impatto visivo sotto le luci. Sperimenta con scollature audaci o schiene scoperte e considera spacchi alti per aggiungere movimento.

Orecchini importanti o una pochette vistosa completano l'estetica glamour, assicurando che l'outfit sia spettacolare ma equilibrato.

Guida alla Pratica di Moda e Note

Un grande design nasce spesso da esperimenti rapidi. Non pensarci troppo – lascia che la mano si muova e cattura la prima idea che ti viene in mente. La spontaneità spesso rivela la creatività nascosta.

Come usare questa pagina:
- Crea uno schizzo di 5 minuti per riscaldarti.
- Concentrati su un solo elemento: maniche, pantaloni o scollo.
- Annota tessuti, texture o scelte di colore.

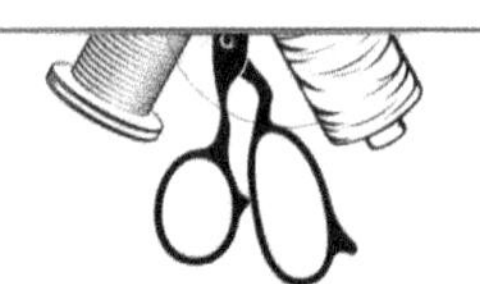

Riflessione & Note:
- Sono riuscita a disegnare più velocemente del solito?
- Quale dettaglio risulta più riuscito in questo design?
- Cosa potrei semplificare la prossima volta?

Consiglio professionale: *Il disegno veloce sviluppa fiducia e affina l'istinto creativo.*

Ispirazione Outfit:
Moda Stradale

Vibrazioni Athleisure: dalla Palestra alla Strada

L'athleisure unisce comfort e carattere.
Pensa a leggings da yoga abbinati a felpe oversize, crop top o bomber. La chiave è l'equilibrio – stretto nella parte inferiore, morbido sopra, o viceversa. Gli accessori rendono il look accattivante: cappellini da baseball, sneakers chunky, marsupi a tracolla.

I gioielli restano minimi per mantenere l'aspetto sportivo.

Focus sui tessuti: cotone traspirante, spandex, neoprene. Aggiungi un capo lucido o metallico per elevare il look sportivo.

Consiglio professionale: *L'athleisure parla di fiducia in sé. Disegna un outfit che sembri pronto sia per un allenamento in palestra che per un caffè in città.*

Tendenze

Ispirazioni

Tessuti

Note

Dettagli

Campioni

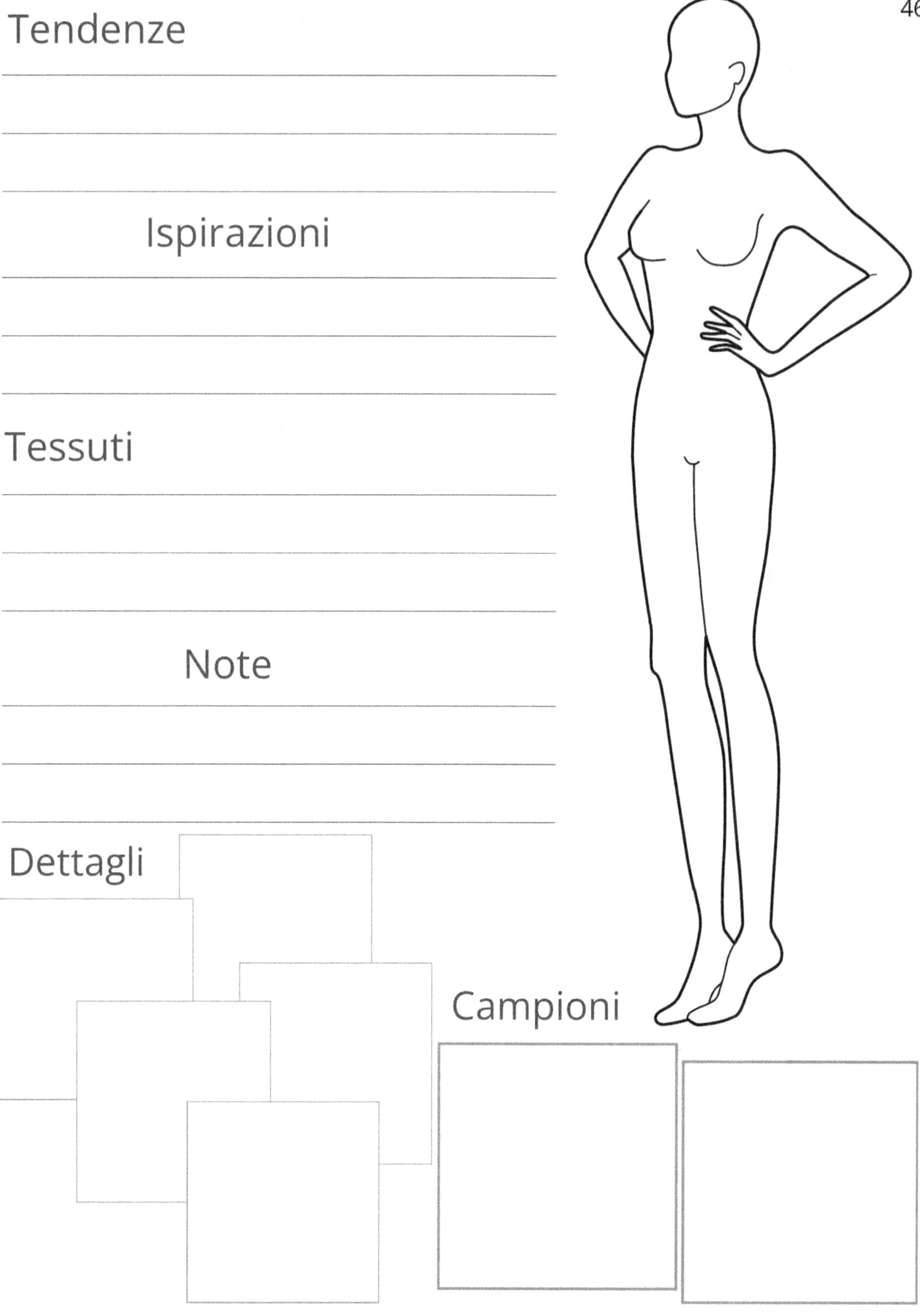

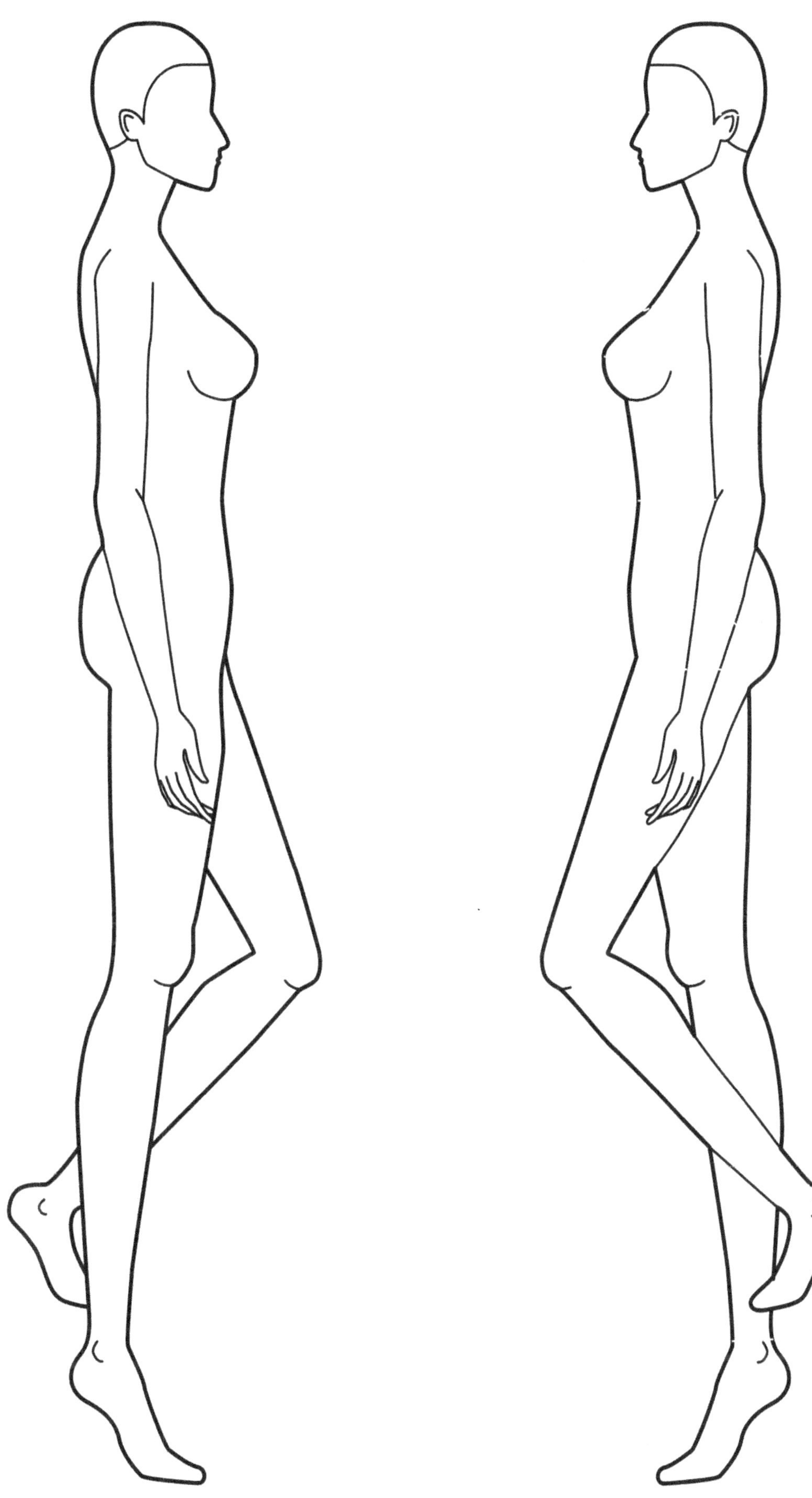

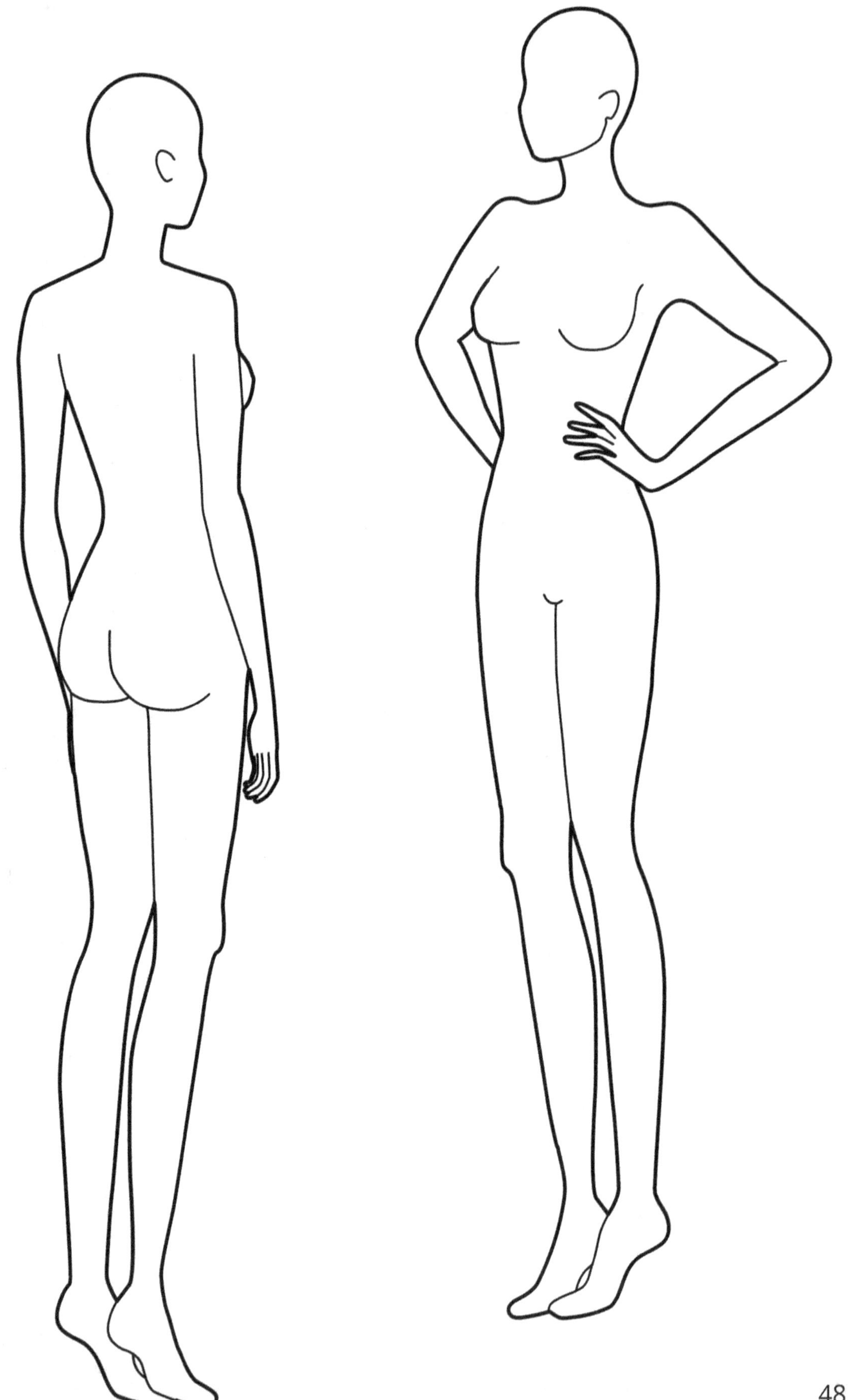

Le Tue Note & Foto d'Ispirazione

Questa pagina è la tua galleria creativa. Usala per monitorare i tuoi progressi, raccogliere i tuoi design preferiti e riflettere sul tuo percorso.

- Aggiungi schizzi, foto d'ispirazione o ritagli per dare vita alle tue idee di moda.
- Scrivi dettagli come colori, tessuti o elementi dell'outfit che ti hanno ispirato.
- Lascia spazio per il tuo "io futuro", per tornare indietro e confrontare come si è evoluto il tuo stile.

Trucco del mestiere*: Una sola immagine o un piccolo campione può ispirare un'intera collezione. Non aver paura di conservare anche i dettagli più piccoli che ti ispirano!*

Ispirazione Outfit:
Office Chic e Runway Glam

Professionalità Minimalista e Runway Futuristica

Ispirazione Office Chic

Il minimalismo è perfetto in un contesto professionale.

Abbina pantaloni a taglio dritto a un top monocromatico e un blazer lungo. Scegli tessuti lisci e ben drappeggiati e mantieni la palette su nero, bianco o beige per un tocco moderno.

Anche le scarpe devono essere semplici – mocassini o ballerine a punta sono eleganti e pratici. Il potere di questo stile sta nelle linee pulite e nella sicurezza discreta.

Ispirazione Runway Glam

La moda futuristica è sinonimo di audacia e sperimentazione.

Immagina tessuti metallici, tagli asimmetrici e spalle esagerate.

Forme geometriche in argento o toni iridescenti possono spingersi oltre i confini restando comunque indossabili.

Abbina queste silhouette drammatiche ad accessori minimi per lasciare che la struttura parli da sola.

Il glamour futuristico riguarda fiducia e visione – perfetto per il centro della scena.

Guida alla Pratica di Moda e Note

I vestiti raccontano una storia. Lascia che questa pagina diventi il tuo palcoscenico per disegnare un outfit ispirato a un tema, un'emozione o persino a un luogo. Più personale è l'ispirazione, più forte sarà il design.

Come utilizzare questa pagina:
- Scegli un concetto (viaggio, vita notturna, minimalismo).
- Trasformalo in forme, linee e accessori.
- Aggiungi dettagli che colleghino l'outfit alla storia.

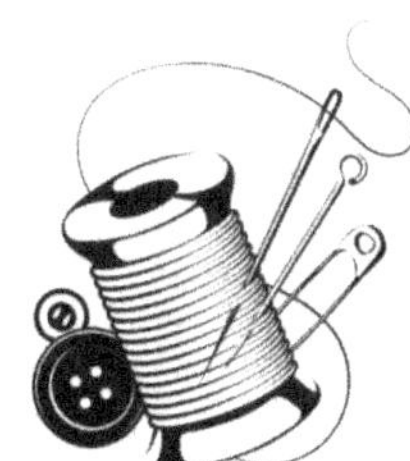

Riflessione e note:
- • Il mio schizzo ha catturato il tema scelto?
- • Quale elemento comunica meglio la storia?
- • Come potrei sviluppare ulteriormente questo concetto?

Consiglio professionale: *Un buon design trasmette sempre un significato che va oltre il tessuto.*

____

____

____

____

____

____

____

Ispirazione Outfit: Moda Stradale

Cultura del Denim: il Cuore dello Stile Urbano

Il denim è la spina dorsale della moda stradale. Jeans a vita alta, giacche corte, gonne patchwork o shorts strappati – tutti esprimono l'anima urbana. I modelli a gamba larga evocano il retrò, mentre i jeans skinny strappati aggiungono un tocco ribelle.

Il doppio denim è di nuovo di tendenza: disegna un capo inferiore in denim scuro con una giacca oversize in denim chiaro per creare contrasto. Completa con sneakers o stivaletti per un'atmosfera metropolitana.

La personalizzazione fa la differenza: ricami, stampe graffiti o sfilacciature intenzionali rendono ogni capo unico.

Prova questo: immagina una tuta in denim abbinata a sneakers e occhiali da sole audaci – funzionale, stilosa e perfetta per la strada.

Tendenze

Ispirazioni

Tessuti

Note

Dettagli

Campioni

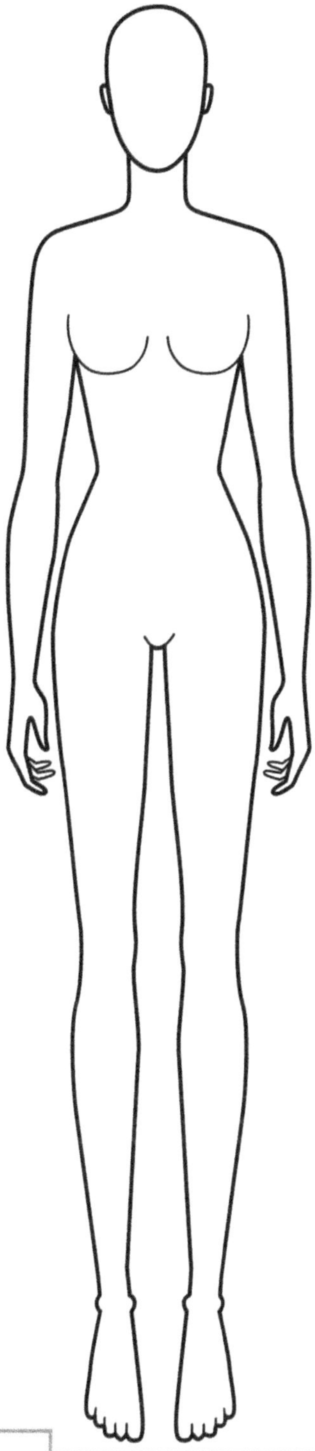

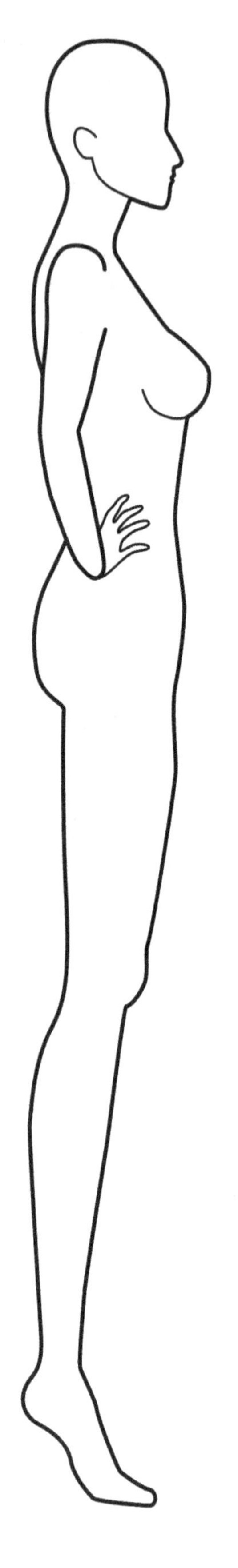
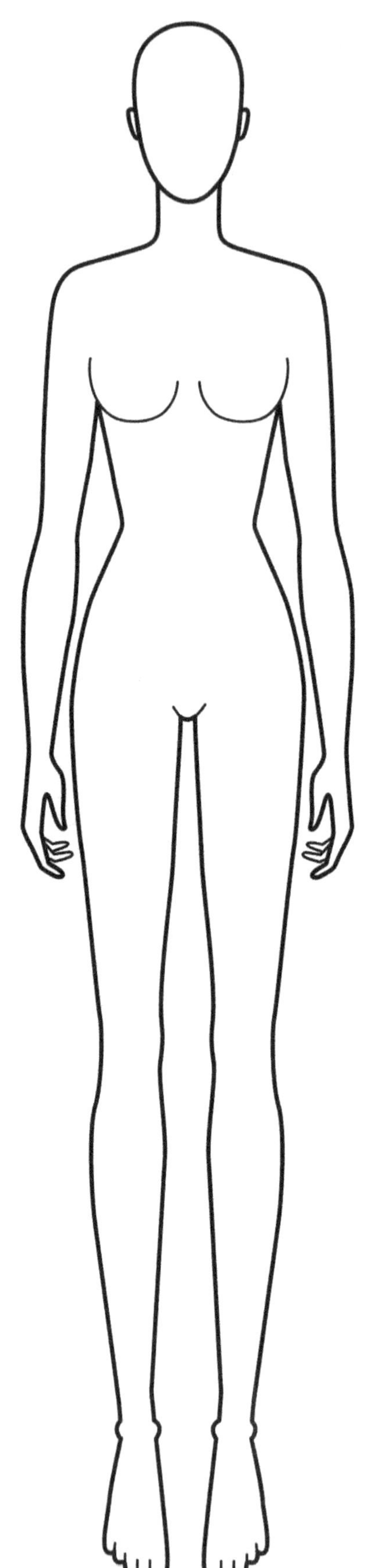

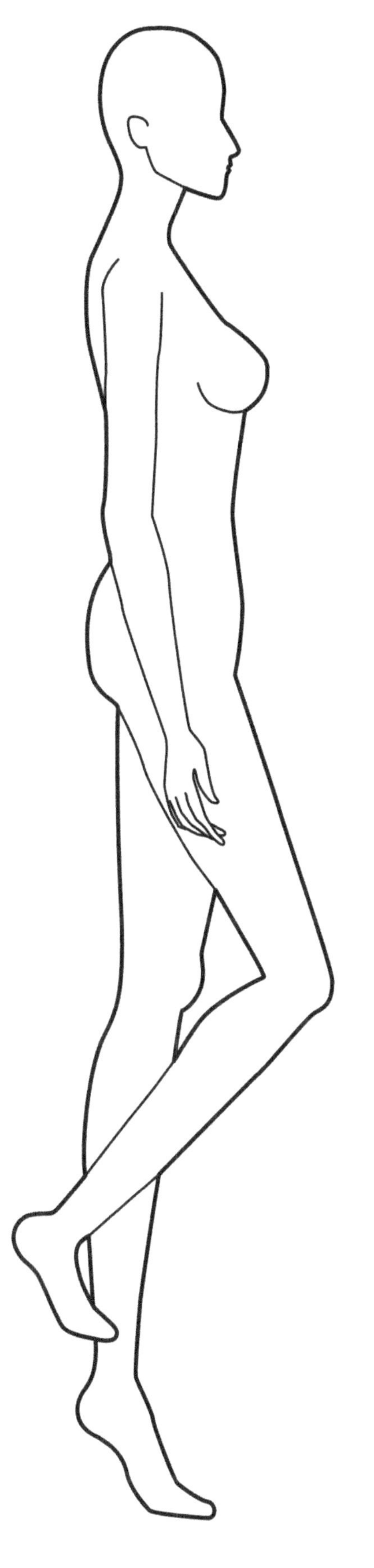
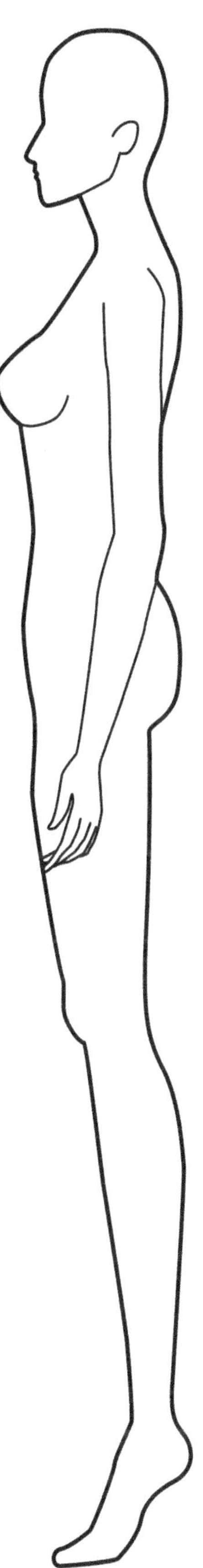

Le Tue Note & Foto d'Ispirazione

Questa pagina è la tua galleria creativa. Usala per monitorare i tuoi progressi, raccogliere i tuoi design preferiti e riflettere sul tuo percorso.

- Aggiungi schizzi, foto d'ispirazione o ritagli per dare vita alle tue idee di moda.
- Scrivi dettagli come colori, tessuti o elementi dell'outfit che ti hanno ispirato.
- Lascia spazio per il tuo "io futuro", per tornare indietro e confrontare come si è evoluto il tuo stile.

Trucco del mestiere: *Una sola immagine o un piccolo campione può ispirare un'intera collezione. Non aver paura di conservare anche i dettagli più piccoli che ti ispirano!*

Ispirazione Outfit:
Office Chic e Runway Glam

Professionalità Creativa e Glam da Festival

Ispirazione Office Chic

Per le donne che lavorano in ambienti creativi, l'abbigliamento da ufficio può essere sia curato che espressivo. Pantaloni a gamba larga in colori vivaci, camicette fantasia o gioielli d'impatto creano il giusto equilibrio. Completa con un trench leggero o un cardigan oversize per aggiungere profondità. L'obiettivo è proiettare professionalità senza nascondere la creatività.

Ispirazione Runway Glam

Il glam da festival porta energia e vitalità. Pensa a maxi abiti fluidi, dettagli con frange e ricami colorati. Tessuti luminosi come lamé o rete metallica catturano la luce in movimento. Aggiungi accessori audaci – orecchini oversize, bracciali voluminosi o cinture decorate – per amplificare lo spirito festoso.

Guida alla Pratica di Moda e Note

Considera questa pagina come il tuo laboratorio di moda. Metti alla prova idee, combina elementi insoliti e osserva il risultato. L'innovazione nasce spesso dalla rottura delle regole.

Come utilizzare questa pagina:
- Mescola due stili contrastanti (casual vs. formale, minimal vs. oversize).
- Aggiungi accessori che cambiano l'atmosfera dell'outfit.
- Scrivi note su cosa funziona e cosa no.

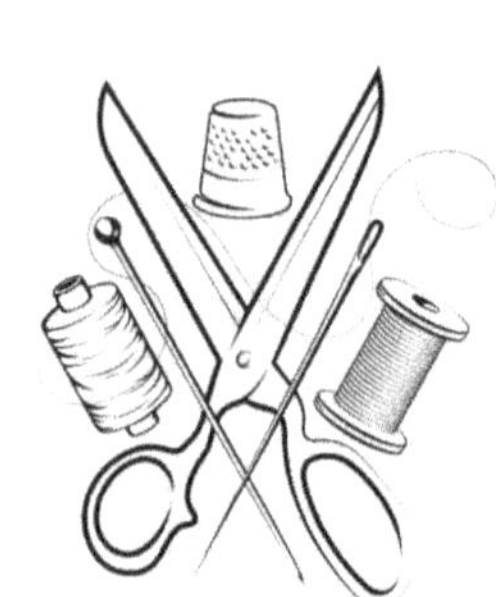

Riflessione e note:
- Ho scoperto una nuova combinazione oggi?
- Cosa mi ha sorpreso di più in questo design?
- Questo outfit funzionerebbe nella realtà?

Consiglio professionale: *Abbinamenti insoliti possono dare vita a look indimenticabili.*

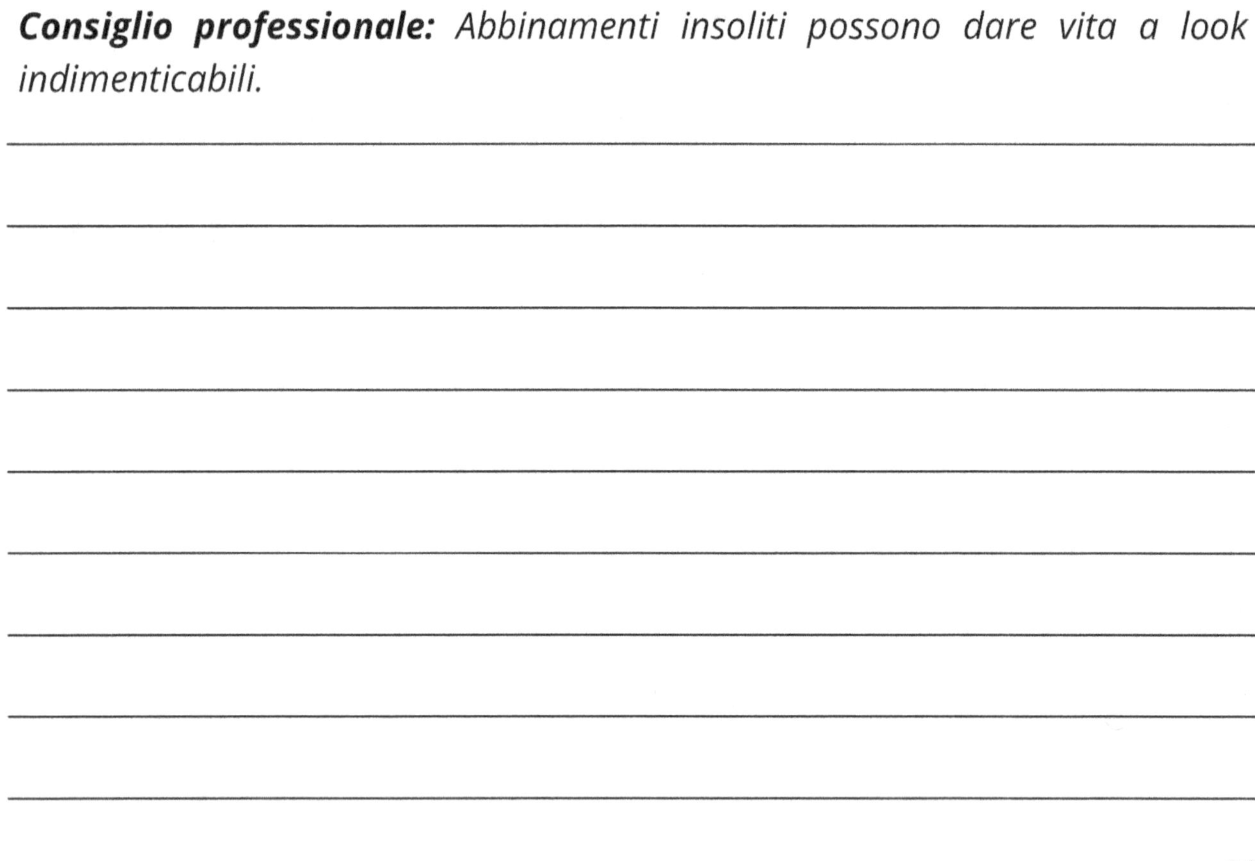

Ispirazione Outfit: Moda Stradale

Energia Oversize: Giocare con i Volumi

I capi oversize danno alla moda stradale la sua identità audace. Immagina una felpa extralarge che arriva a metà coscia o pantaloni cargo con gambe ampliate.

L'equilibrio è fondamentale: combina top ampi con pantaloni aderenti, o viceversa. Anche i crop top si abbinano perfettamente a jeans larghi o joggers.

Direzione colore: dominano i toni neutri, ma un capo neon o pastello diventa subito il punto focale.

Consiglio professionale: Nei tuoi schizzi, esagera leggermente i volumi – maniche più lunghe, cappucci più grandi o pantaloni più ampi – per catturare appieno l'estetica oversize.

Tendenze

Ispirazioni

Tessuti

Note

Dettagli

Campioni

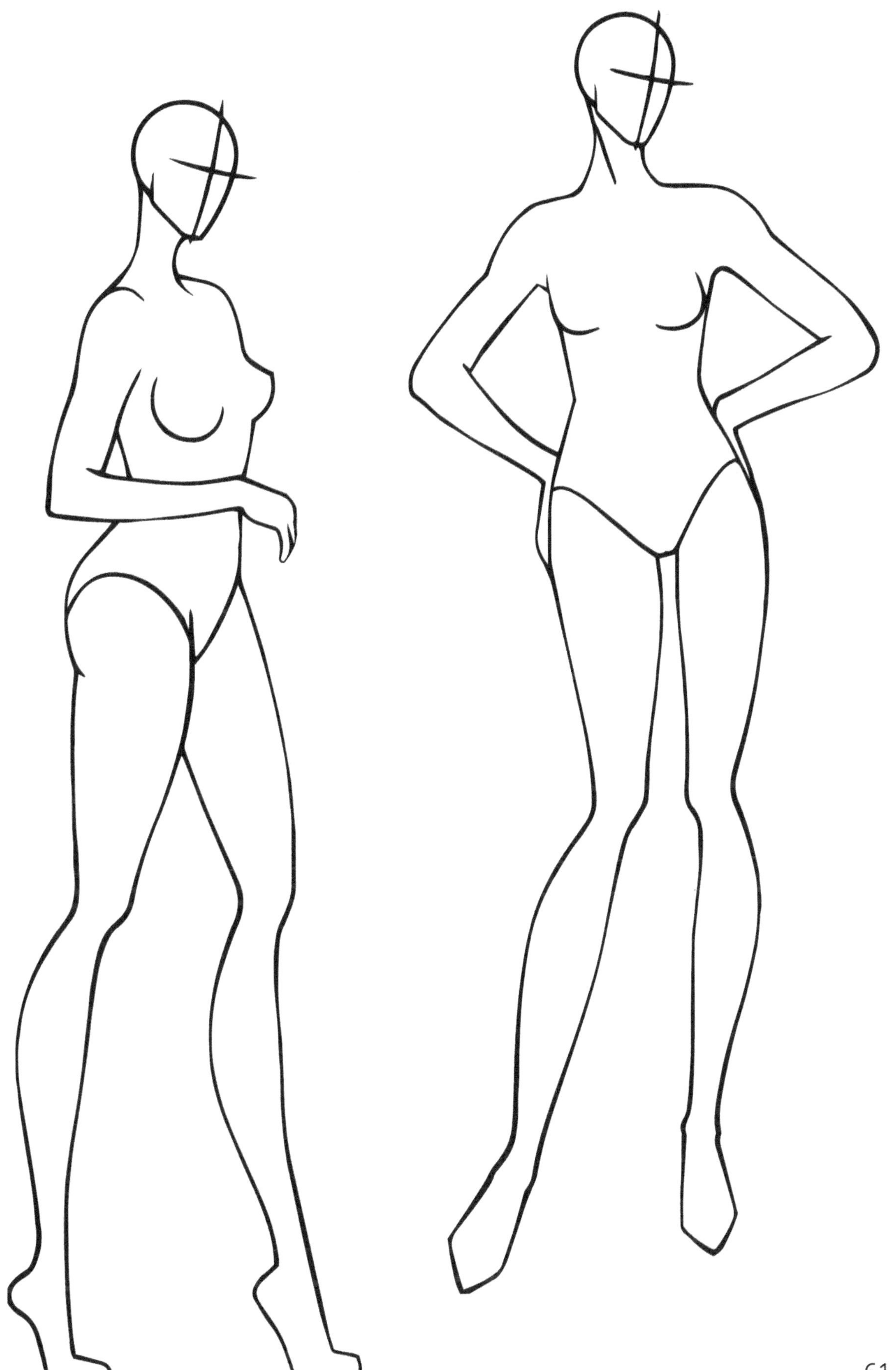

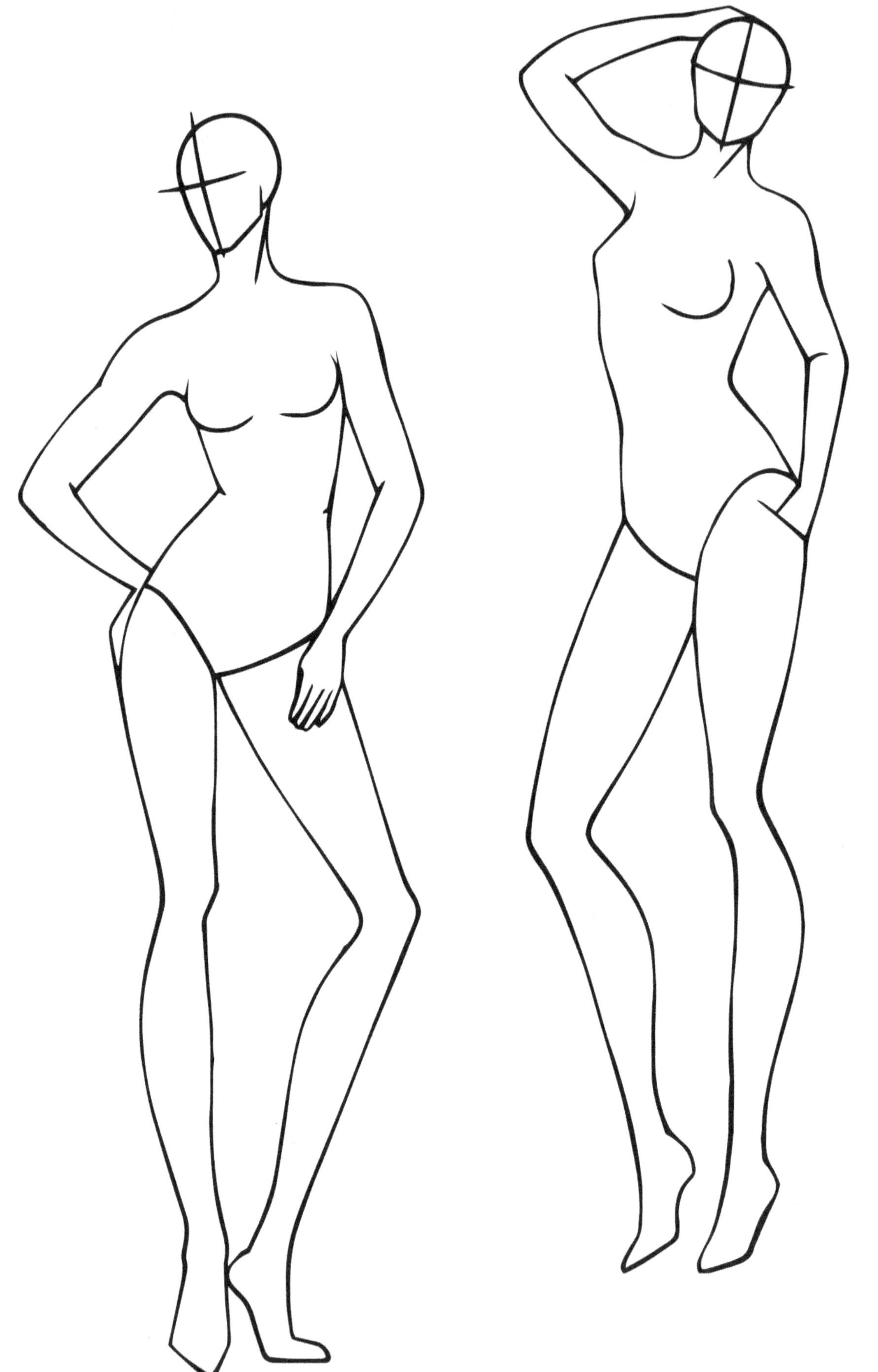

Le Tue Note & Foto d'Ispirazione

Questa pagina è la tua galleria creativa. Usala per monitorare i tuoi progressi, raccogliere i tuoi design preferiti e riflettere sul tuo percorso.

- Aggiungi schizzi, foto d'ispirazione o ritagli per dare vita alle tue idee di moda.
- Scrivi dettagli come colori, tessuti o elementi dell'outfit che ti hanno ispirato.
- Lascia spazio per il tuo "io futuro", per tornare indietro e confrontare come si è evoluto il tuo stile.

Trucco del mestiere: *Una sola immagine o un piccolo campione può ispirare un'intera collezione. Non aver paura di conservare anche i dettagli più piccoli che ti ispirano!*

Ispirazione Outfit:
Chic da Ufficio e Glam da Passerella

Power Dressing e Glam Sostenibile

Ispirazione Office Chic

Il power dressing mette in risalto tagli precisi e linee decise. Un blazer doppiopetto, una silhouette con spalle larghe e una borsa strutturata trasmettono autorità. Abbina il tutto a pantaloni a sigaretta o a un abito aderente per equilibrare i volumi. Colori intensi come il bordeaux profondo o il verde bosco aggiungono impatto mantenendo l'eleganza.

Ispirazione Runway Glam

Il glamour sostenibile riguarda il creare moda audace in modo responsabile. Sperimenta con tessuti biologici, materiali riciclati e coloranti naturali. Crea look da passerella che dimostrino come le scelte ecologiche possano essere altrettanto spettacolari. Abiti fluttuanti in tonalità terrose, arricchiti da gioielli riciclati, esaltano la bellezza della moda etica.

Guida alla Pratica di Moda e Note

La moda è anche funzionalità. Usa questa pagina per riflettere in modo pratico: l'outfit è indossabile, comodo e versatile? Disegnare con uno scopo rende i progetti più solidi.

Come utilizzare questa pagina:

- Progetta per un'occasione specifica (lavoro, viaggio, tempo libero).
- Considera il movimento: si può camminare, sedersi o ballare con questo capo?
- Aggiungi note sulla praticità (tessuto, vestibilità, comfort).

Riflessione e note:

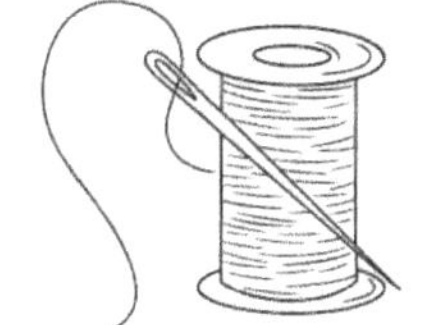

- Ho bilanciato stile e comodità?
- Quale dettaglio rende l'outfit più portabile?
- Come potrei adattarlo a un'altra occasione?

Consiglio professionale: *I dettagli pratici spesso elevano un design dal concetto alla realtà.*

____

____

____

____

____

____

Ispirazione Outfit:
Moda Stradale

Espressioni Grafiche

La moda stradale è spesso audace, diretta e piena di personalità. Stampe grafiche e slogan sono un modo chiaro per comunicare atteggiamento. T-shirt oversize con scritte forti, felpe con illustrazioni in stile cartoon o giacche con stampe sul retro - tutte forme d'arte indossabile.

Esercizio di design: disegna una felpa semplice, poi riempi il retro con una grafica. Può essere un'arte astratta, un motivo naturale o una parola potente che esprima energia o empowerment.

Suggerimento sui tessuti: nella realtà potresti usare serigrafia, ricamo o patchwork - ma su carta, la tua creatività non ha limiti.

Tendenze

Ispirazioni

Tessuti

Note

Dettagli

Campioni

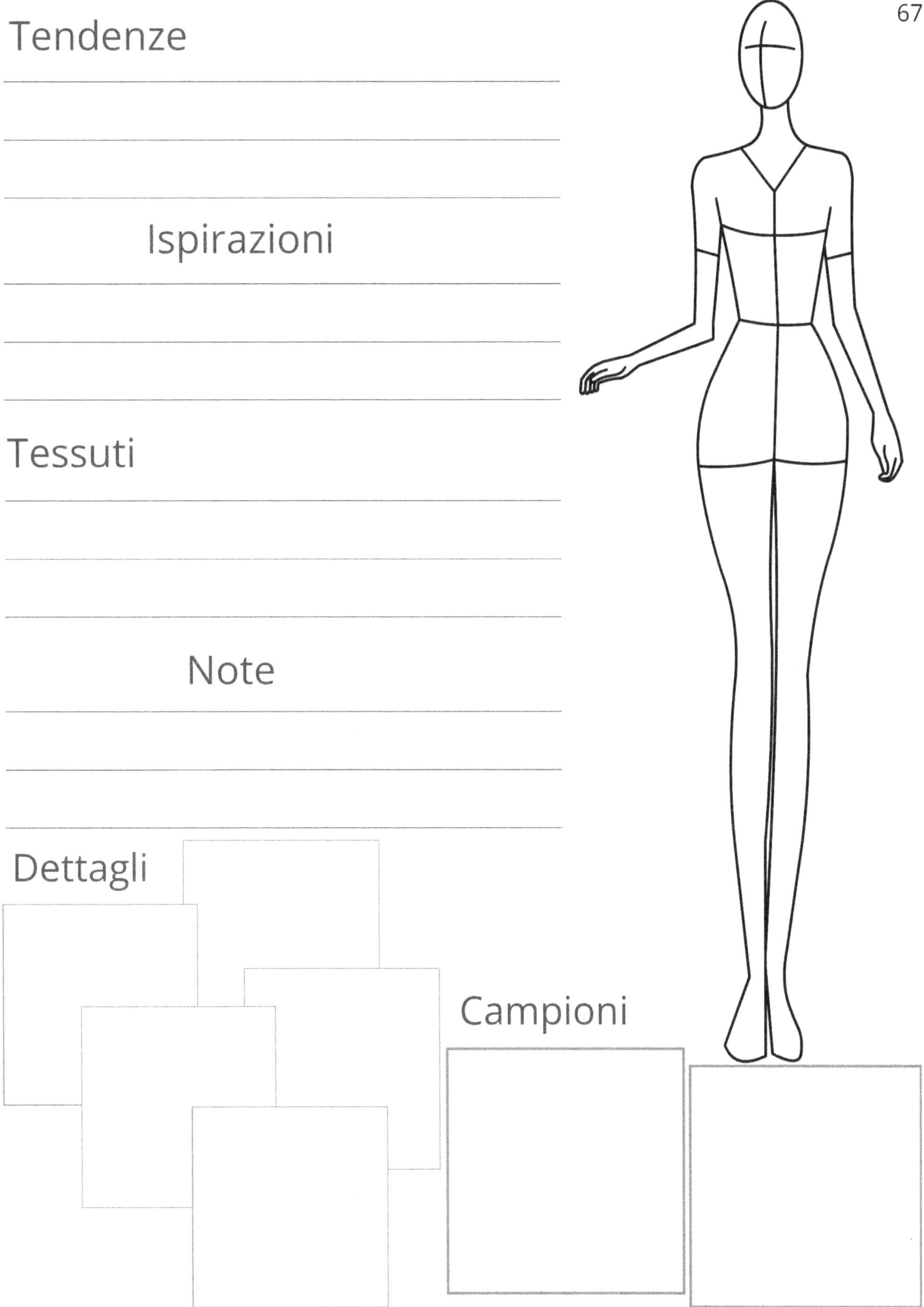

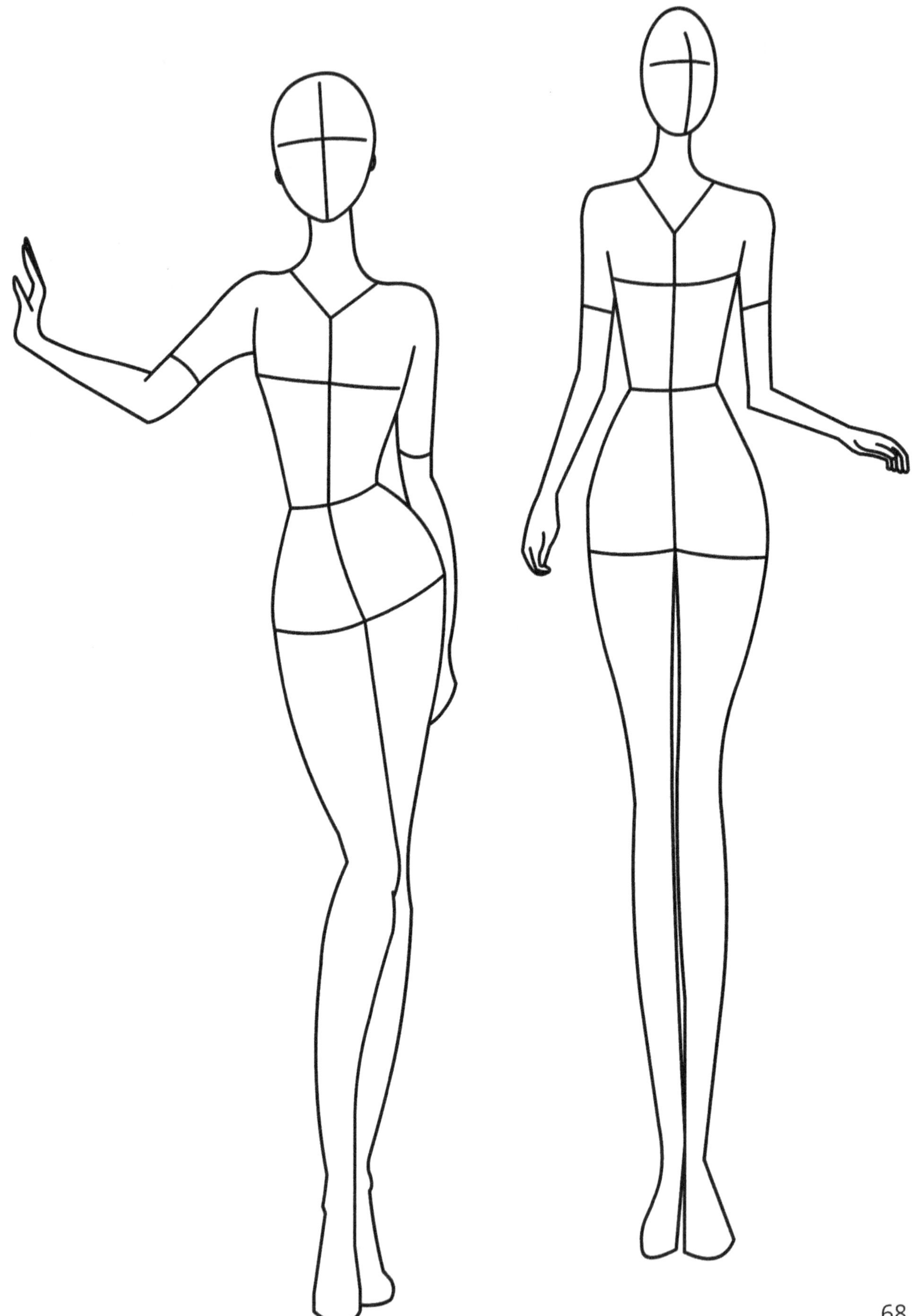

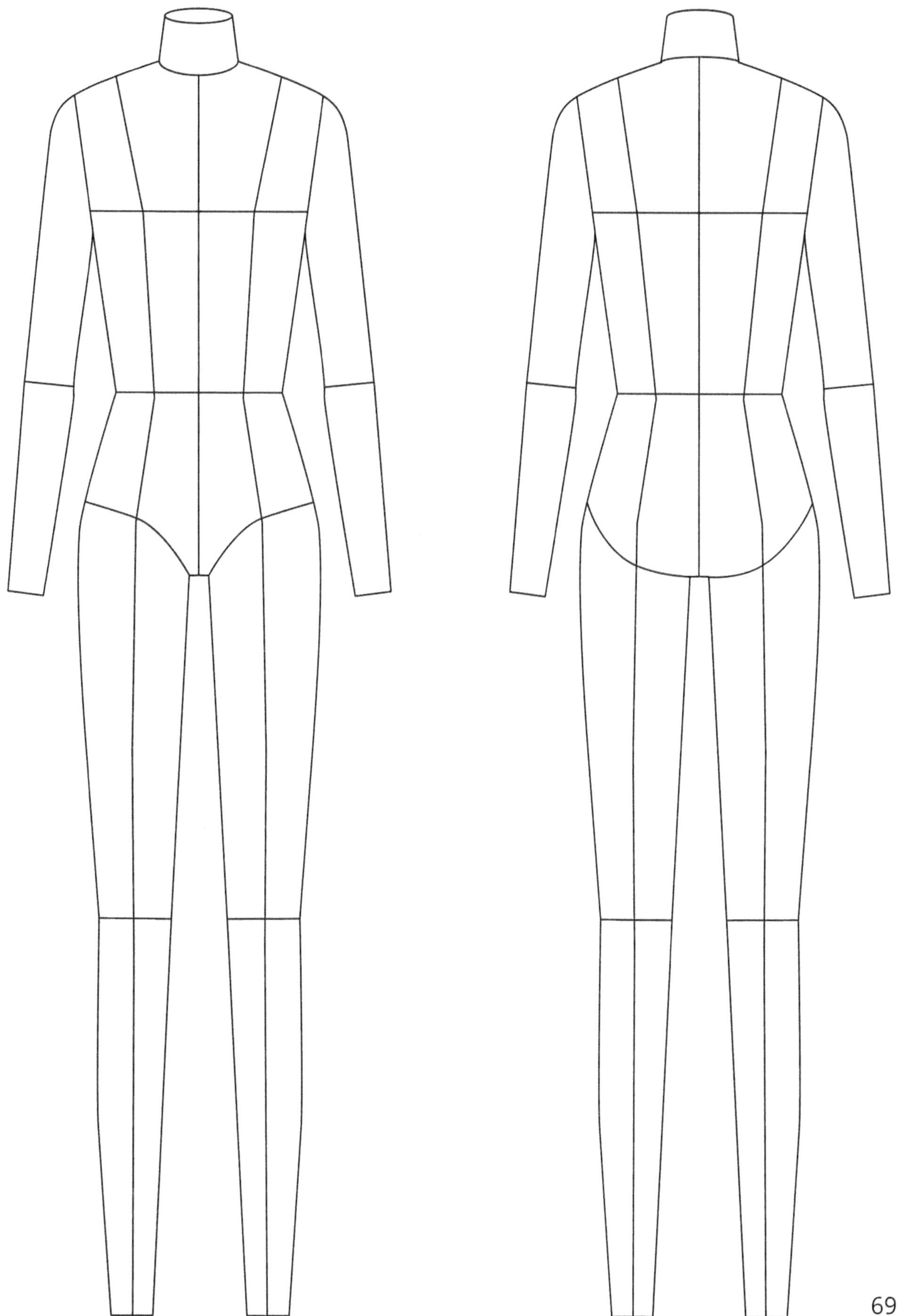

Le Tue Note & Foto d'Ispirazione

Questa pagina è la tua galleria creativa. Usala per monitorare i tuoi progressi, raccogliere i tuoi design preferiti e riflettere sul tuo percorso.

- Aggiungi schizzi, foto d'ispirazione o ritagli per dare vita alle tue idee di moda.
- Scrivi dettagli come colori, tessuti o elementi dell'outfit che ti hanno ispirato.
- Lascia spazio per il tuo "io futuro", per tornare indietro e confrontare come si è evoluto il tuo stile.

Trucco del mestiere*: Una sola immagine o un piccolo campione può ispirare un'intera collezione. Non aver paura di conservare anche i dettagli più piccoli che ti ispirano!*

Ispirazione Outfit:
Chic da Ufficio e Glam da Passerella

Look del Venerdì Rilassato e Glam Alta Moda

Ispirazione Office Chic

I "Casual Fridays" aprono la porta a combinazioni più rilassate. Il denim scuro abbinato a una blusa di seta e a un blazer elegante unisce professionalità e comfort. Le scarpe possono variare da stivaletti a sneakers bianche pulite. Mantieni il look curato con accessori strutturati - una borsa a mano o una cintura sottile completano l'insieme.

Ispirazione Runway Glam

L'alta moda rappresenta l'arte della sartoria. Decorazioni realizzate a mano, tessuti lussuosi e silhouette avanguardiste trasformano i capi in vere sculture indossabili. Considera volant esagerati, strascichi drammatici o ricami intricati: questi elementi spingono la creatività ai limiti e rendono ogni sfilata indimenticabile.

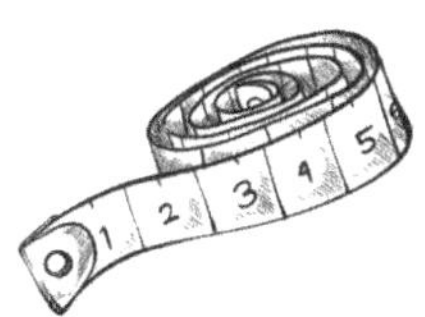

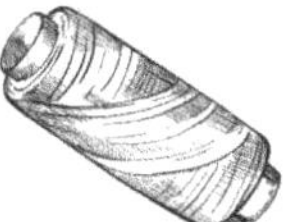

Guida alla Pratica di Moda e Note

Le texture danno vita ai capi. Usa questa pagina per immaginare tessuti, superfici e materiali. Anche uno schizzo piatto può sembrare tattile se i dettagli sono ben definiti.

Come utilizzare questa pagina:

- Disegna capi e indica i tessuti (denim, seta, lana, rete).
- Sperimenta con la combinazione di texture leggere e pesanti.
- Descrivi come il tessuto dovrebbe muoversi.

Riflessione e note:

- Quale combinazione di tessuti funziona meglio?
- Ho bilanciato la texture con la silhouette?
- Come posso migliorare l'impatto visivo?

Consiglio professionale: La texture è l'ingrediente segreto che rende un outfit memorabile.

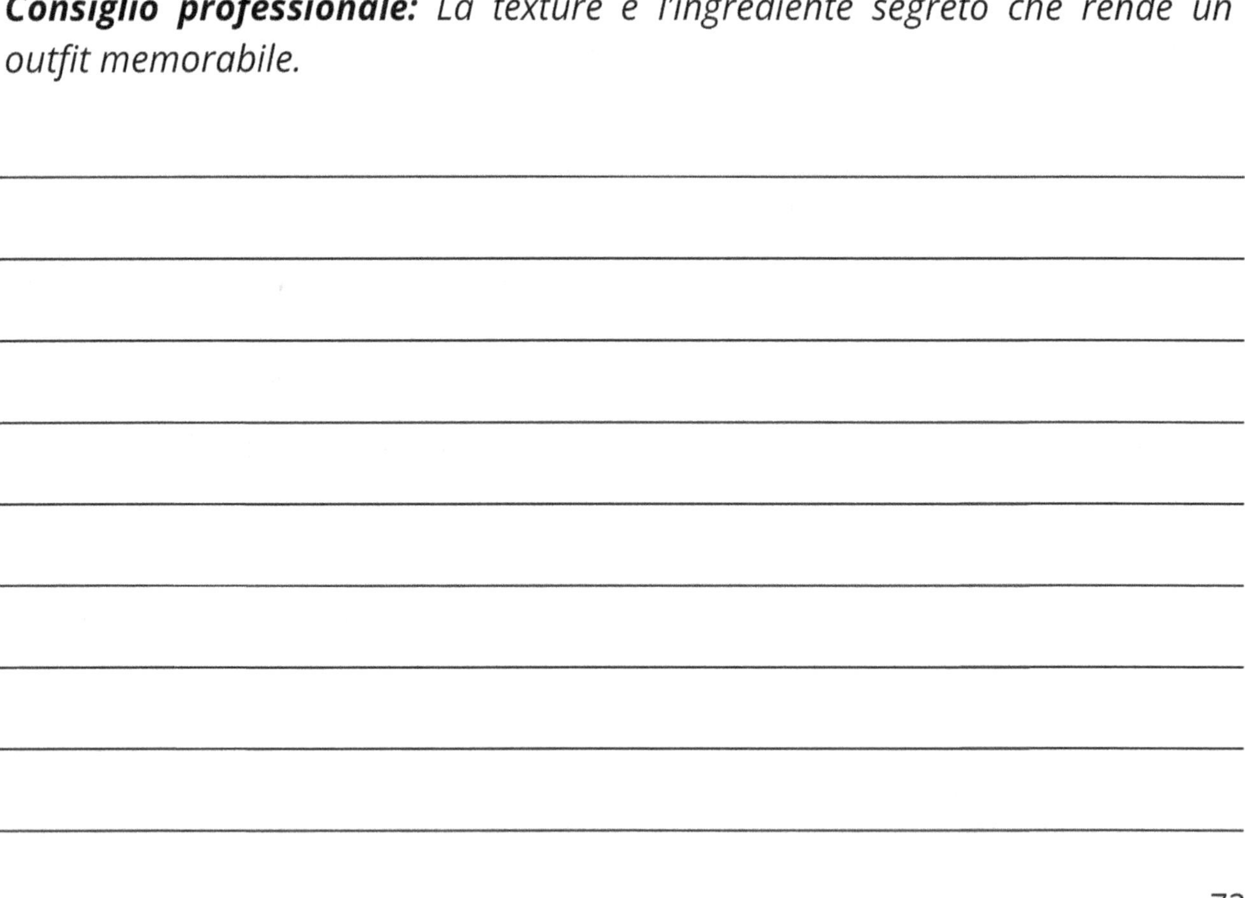

Ispirazione Outfit: Moda Stradale

Moda Stradale nei Toni Neutri

Non tutta la moda stradale è appariscente. Le tonalità neutre e minimaliste (nero, beige, grigio, bianco) rappresentano una direzione potente. Questi look si basano su forme pulite e sovrapposizioni semplici.

Pensa a joggers beige, crop top neri, cappotti grigi oversize e sneakers bianche. Gli accessori restano discreti: cappellini, zaini piccoli, gioielli minimal.

Esercizio di disegno: crea un outfit monocromatico di moda stradale, poi aggiungi un solo elemento contrastante (una cintura rossa o scarpe neon) per vedere come cambia l'atmosfera complessiva.

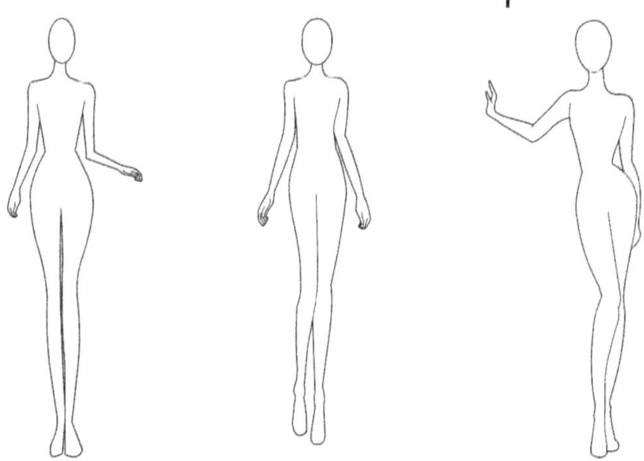

Tendenze

Ispirazioni

Tessuti

Note

Dettagli

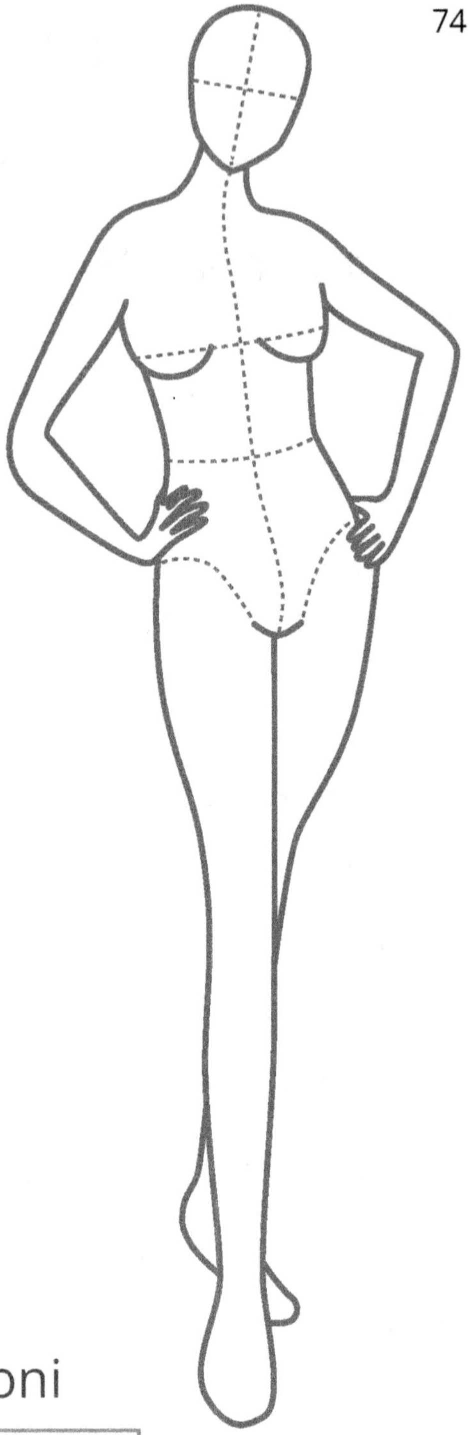

Campioni

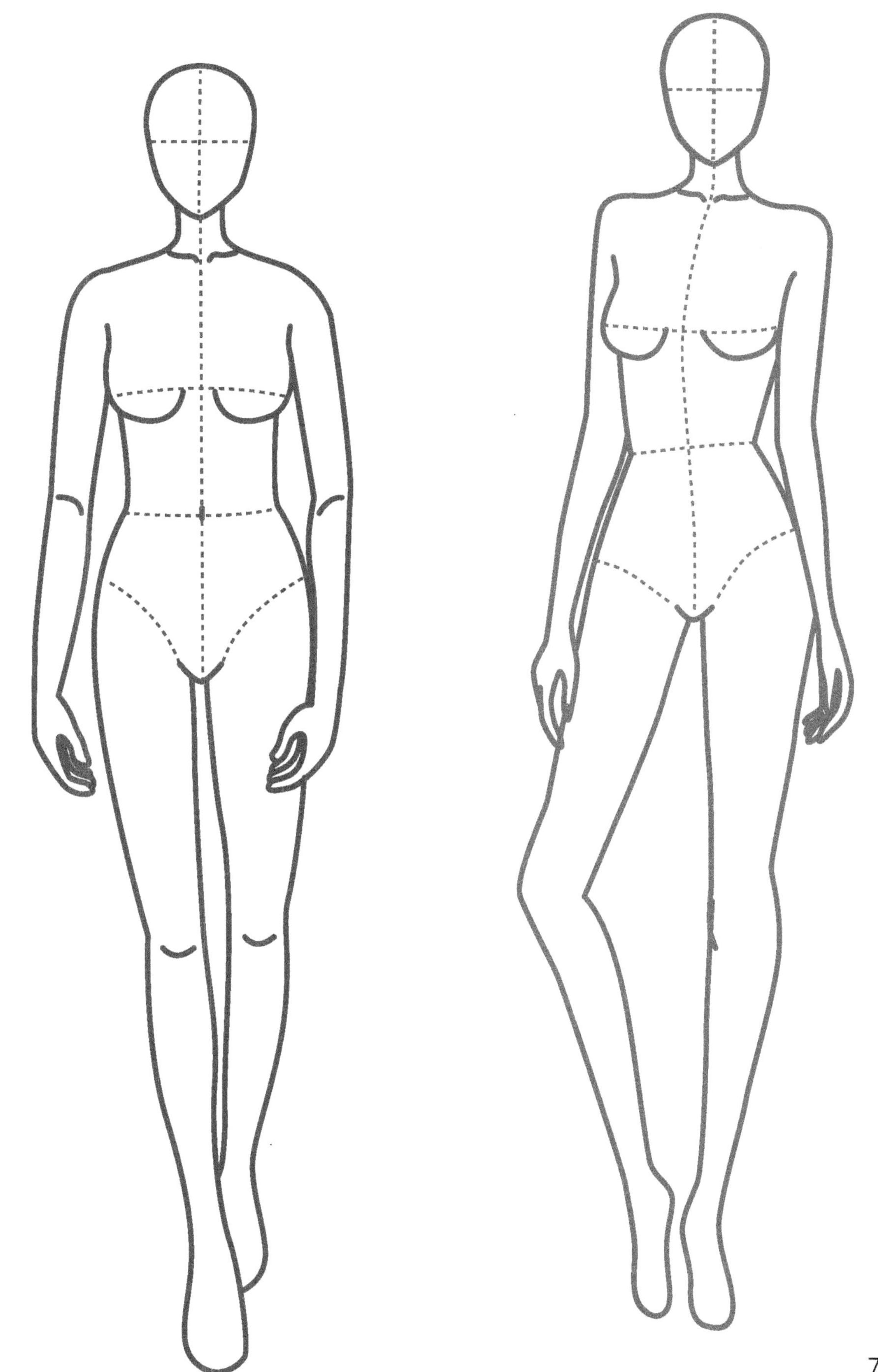

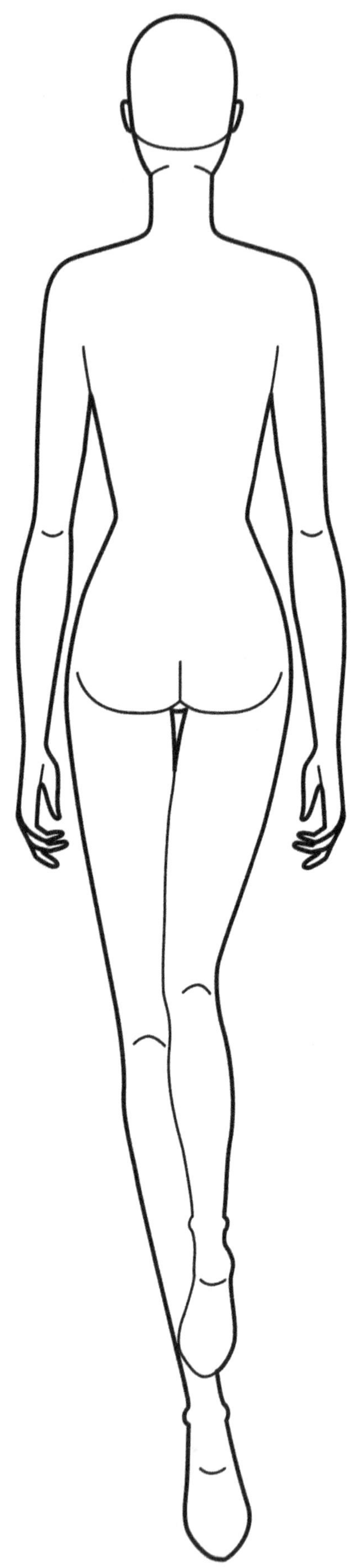
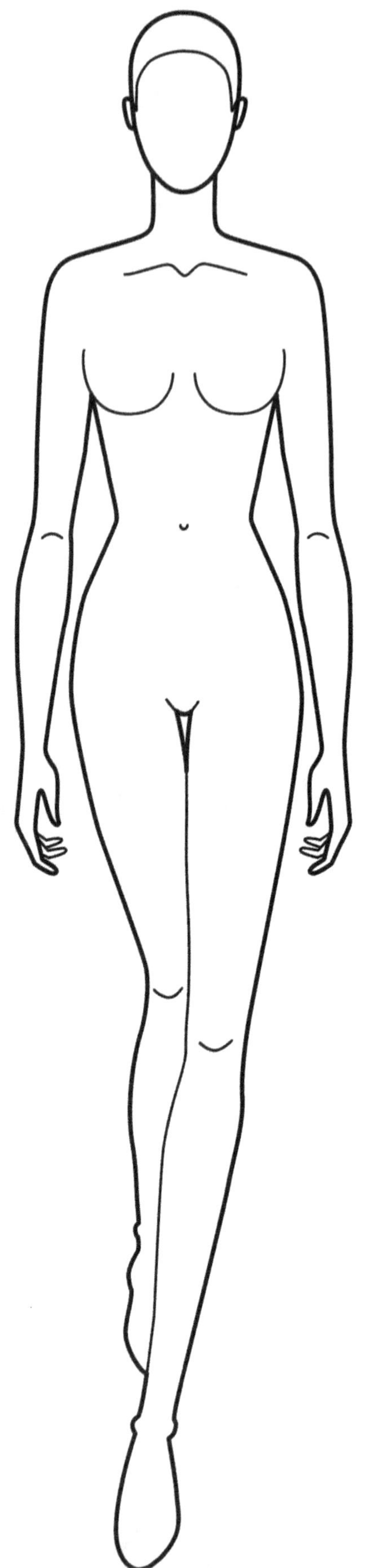

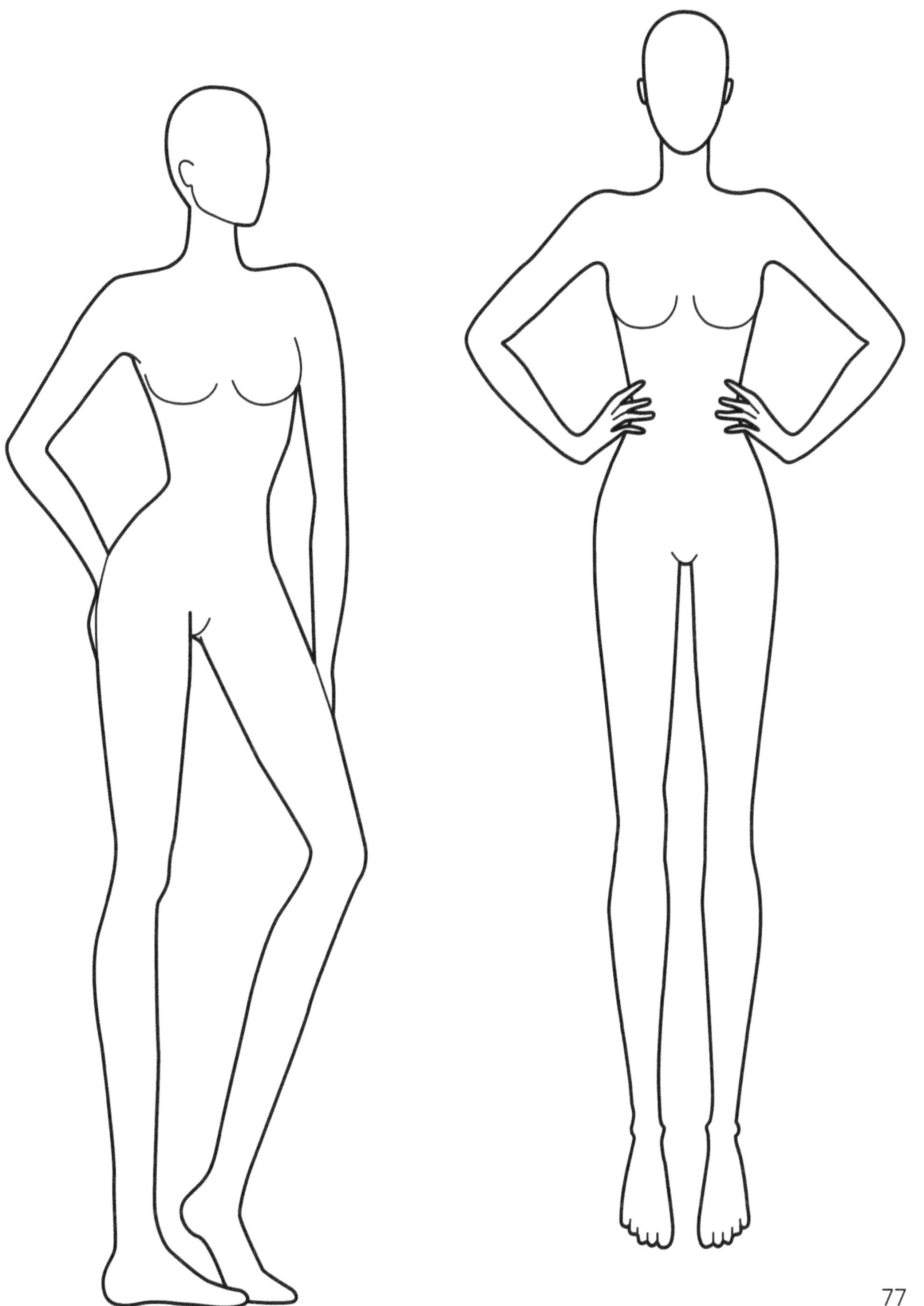

Le Tue Note & Foto d'Ispirazione

Questa pagina è la tua galleria creativa. Usala per monitorare i tuoi progressi, raccogliere i tuoi design preferiti e riflettere sul tuo percorso.

- Aggiungi schizzi, foto d'ispirazione o ritagli per dare vita alle tue idee di moda.
- Scrivi dettagli come colori, tessuti o elementi dell'outfit che ti hanno ispirato.
- Lascia spazio per il tuo "io futuro", per tornare indietro e confrontare come si è evoluto il tuo stile.

Trucco del mestiere: *Una sola immagine o un piccolo campione può ispirare un'intera collezione. Non aver paura di conservare anche i dettagli più piccoli che ti ispirano!*

Ispirazione Outfit:
Chic da Ufficio e Glam da Passerella

Stile Monocromatico da Ufficio e Glam Minimale da Passerella

Ispirazione Office Chic

Un look monocromatico trasmette subito coerenza. Scegli una famiglia di colori - tutto beige, tutto grigio o tutto blu navy - e gioca con le texture. Una gonna in lana, una blusa in seta e una cintura in pelle nelle stesse tonalità elevano l'insieme mantenendolo sobrio. Gioielli minimal completano la raffinatezza del look.

Ispirazione Runway Glam

Il glam minimale celebra la semplicità. Abiti lunghi dalle linee essenziali, senza decorazioni e in colori intensi come smeraldo o cobalto creano un effetto d'impatto. Abbinali a un solo accessorio importante - orecchini a lampadario o una borsa scultorea. Meno è più, ma l'effetto è indimenticabile.

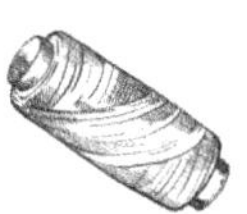

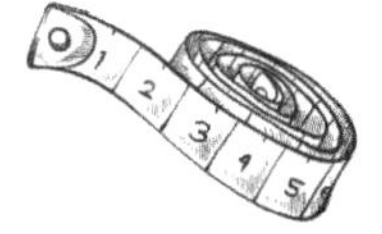

Guida alla Pratica di Moda e Note

Gli accessori possono trasformare completamente un outfit. Usa questa pagina per testare come borse, scarpe o gioielli valorizzano il tuo schizzo.

Come utilizzare questa pagina:
- Inizia con un outfit base semplice.
- Aggiungi 2–3 set diversi di accessori.
- Scrivi quale versione risulta più efficace.

Riflessione e note:
- Quale accessorio ha aggiunto più carattere?
- Gli accessori hanno sovrastato o migliorato l'outfit?
- Come potrei trovare un equilibrio migliore?

Consiglio professionale: *Gli accessori sono piccoli dettagli che creano grandi dichiarazioni di stile.*

Ispirazione Outfit: Moda Stradale

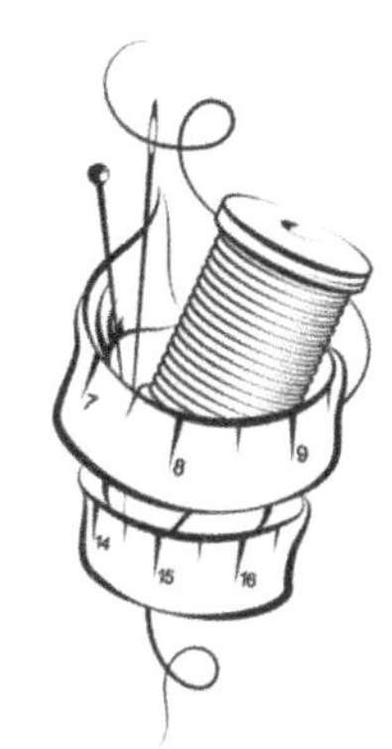

Moda Stradale con Tocchi Femminili

La moda stradale non deve per forza essere "maschile". Aggiungere dettagli femminili crea equilibrio: gonne con sneakers, abiti sottoveste sopra t-shirt o felpe oversize con calze alte.

Ispirazione tessile: gonne di raso con giacche bomber, top di pizzo con shorts in denim. Unire texture morbide e rigide crea un look fresco e unico.

Sfida di disegno: progetta un outfit che includa un elemento femminile (come una gonna) e un classico capo di moda stradale (come sneakers o una felpa).

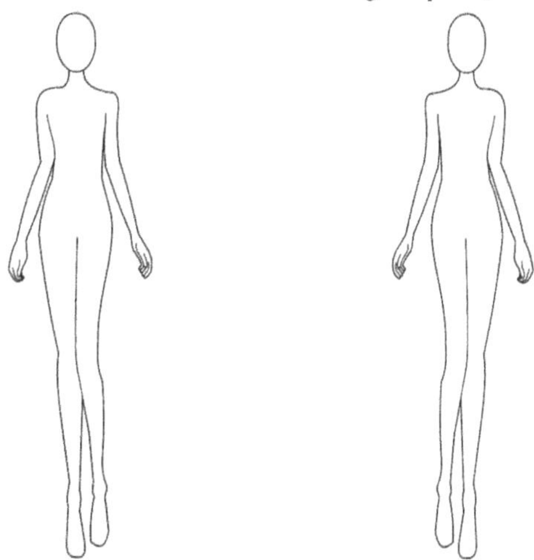

Tendenze

Ispirazioni

Tessuti

Note

Dettagli

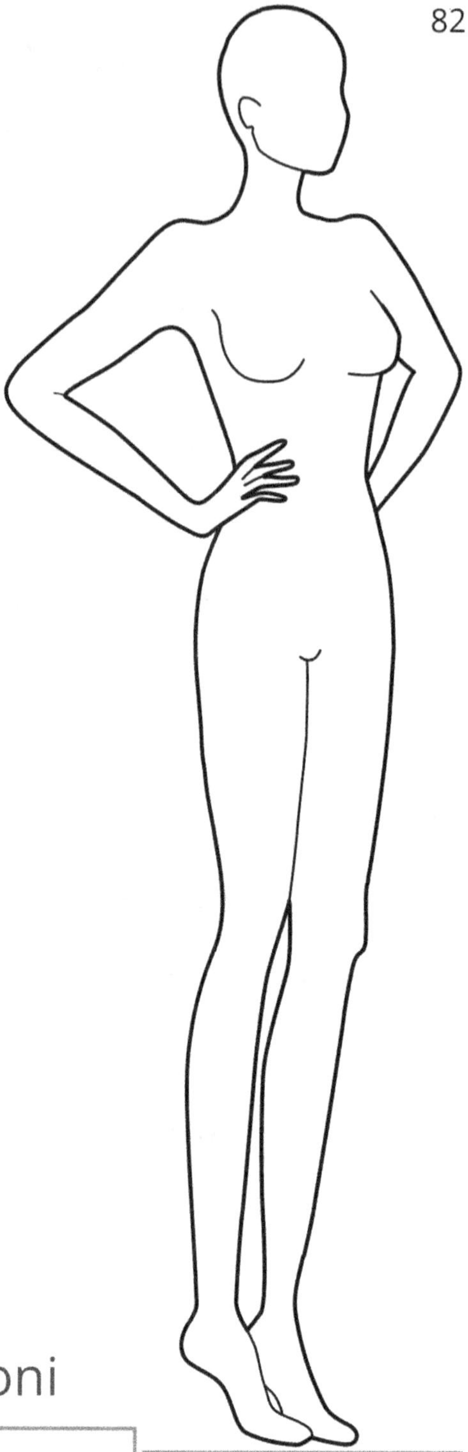

Campioni

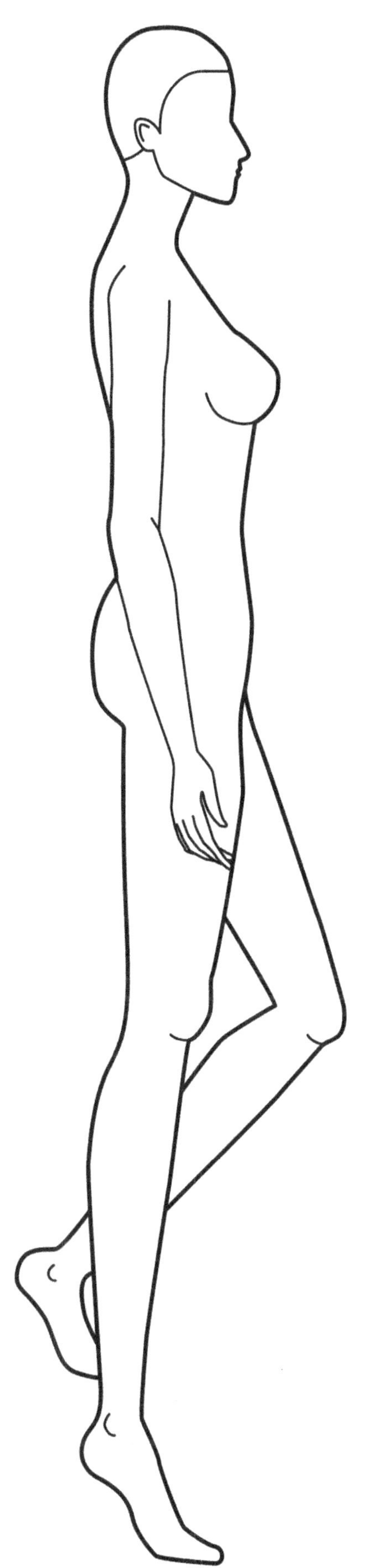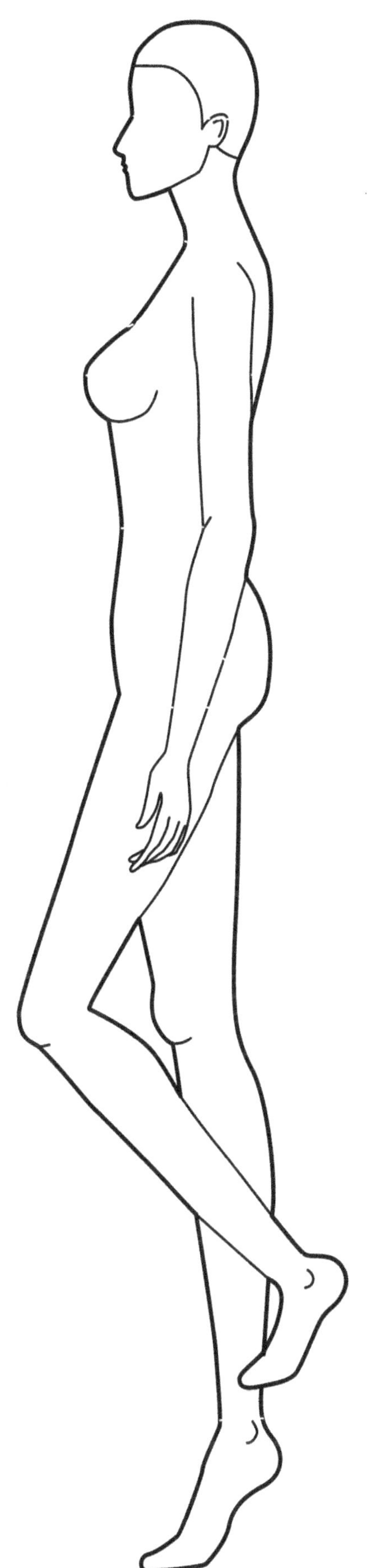

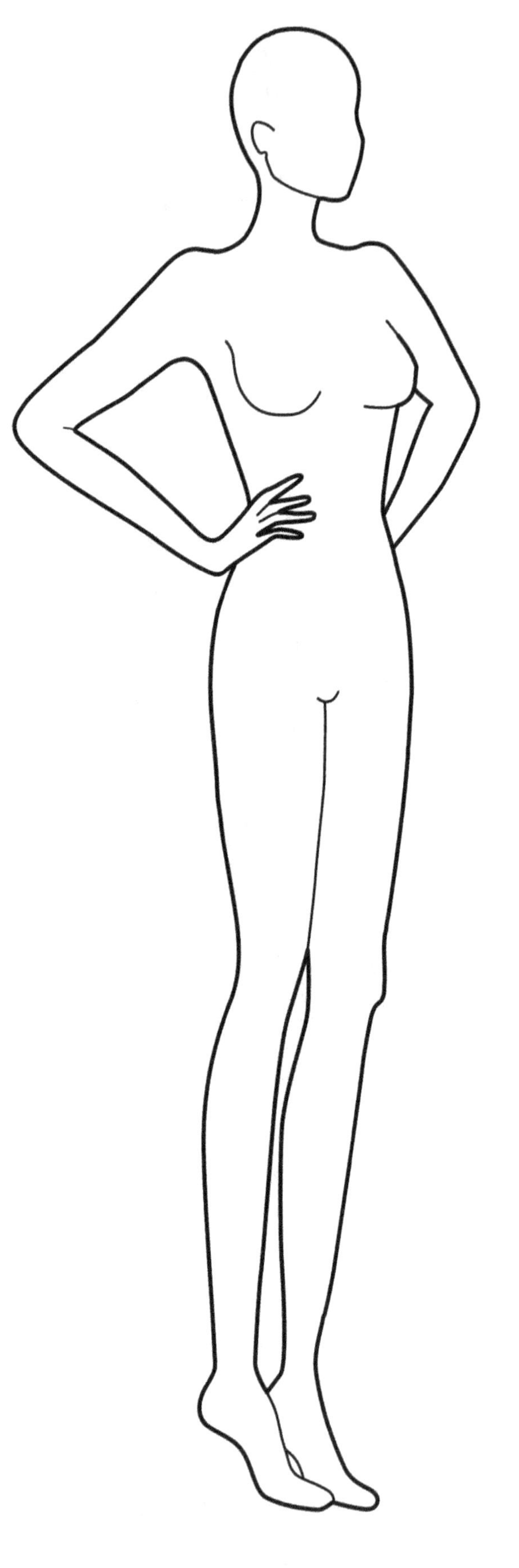
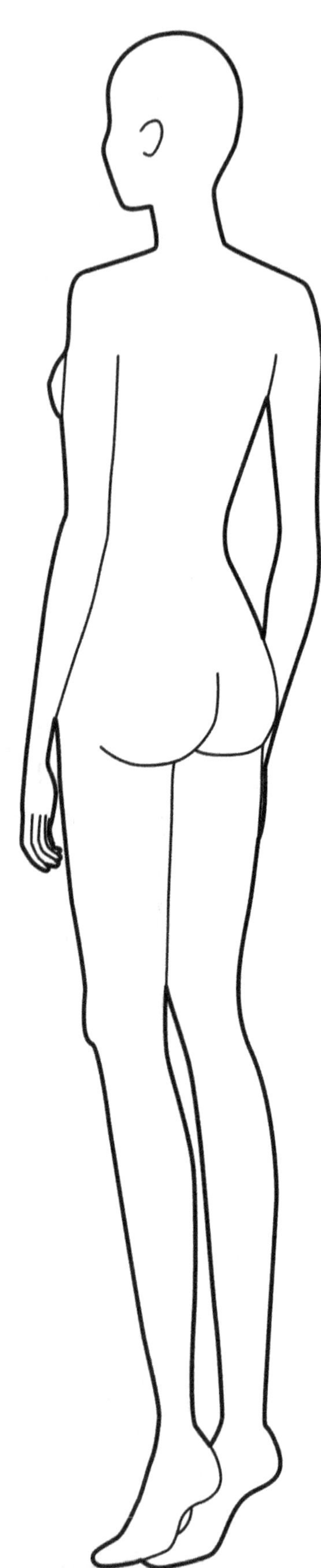

Le Tue Note & Foto d'Ispirazione

Questa pagina è la tua galleria creativa. Usala per monitorare i tuoi progressi, raccogliere i tuoi design preferiti e riflettere sul tuo percorso.

- Aggiungi schizzi, foto d'ispirazione o ritagli per dare vita alle tue idee di moda.
- Scrivi dettagli come colori, tessuti o elementi dell'outfit che ti hanno ispirato.
- Lascia spazio per il tuo "io futuro", per tornare indietro e confrontare come si è evoluto il tuo stile.

Trucco del mestiere: *Una sola immagine o un piccolo campione può ispirare un'intera collezione. Non aver paura di conservare anche i dettagli più piccoli che ti ispirano!*

Outfit Ispirazioni:
Chic da Ufficio e Glam da Passerella

Femminilità Moderna e Eleganza Futuristica

Ispirazione Office Chic

Rinnova i capi da ufficio classici con tocchi femminili. Una blusa con rouches delicate, una gonna a pieghe o pantaloni in tonalità pastello portano freschezza al guardaroba lavorativo. Abbinali a scarpe neutre e accessori discreti per equilibrio. Il risultato rimane professionale ma personale.

Ispirazione Runway Glam

L'eleganza futuristica unisce innovazione e grazia. Immagina tessuti fluidi abbinati ad accenti metallici. Abiti con corpetti strutturati e gonne leggere creano un contrasto tra rigidità e morbidezza. Accessori come cinture cromate o gioielli scultorei completano l'estetica haute couture.

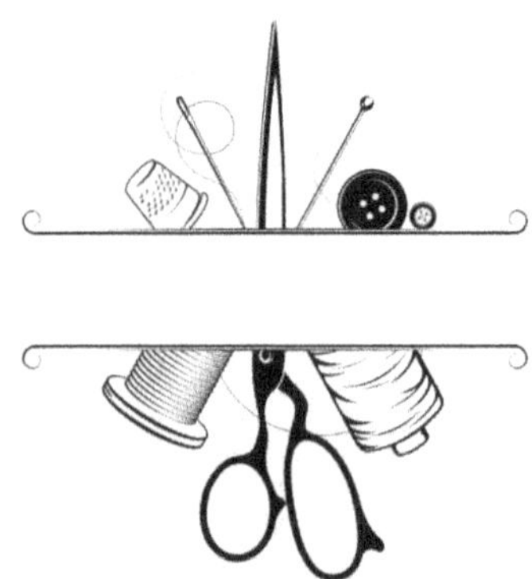

Guida alla Pratica di Moda e Note

Ogni schizzo è un'occasione per affinare le proporzioni. Questa pagina è il tuo campo d'allenamento per l'equilibrio del corpo e la vestibilità dei capi.

Come utilizzare questa pagina:

- Concentrati sulle proporzioni del corpo (lunghezza di busto, gambe, braccia).
- Regola come i capi cadono naturalmente sulla figura.
- Aggiungi note sulla vestibilità: morbida, aderente, oversize.

Riflessione e note:

- Le proporzioni di oggi sono accurate?
- Quale parte dello schizzo risulta più equilibrata?
- Come posso migliorare la prossima volta?

Consiglio professionale: *Proporzioni solide sono la base di un grande design.*

Ispirazione Outfit: Moda Stradale

Lo Stile Utility

La moda stradale spesso prende ispirazione dal workwear e dall'abbigliamento militare. Pantaloni cargo, gilet tattici, tasche oversize e cinture con fibbie funzionali portano la praticità nella moda.

I colori spaziano tra kaki, verde oliva, nero o stampe mimetiche. Accessori come anfibi, cappelli bucket o borse a tracolla completano il look.

Idea di disegno: prova un top corto abbinato a pantaloni cargo oversize e un gilet tattico. Completa con stivali robusti per un'atmosfera utilitaria.

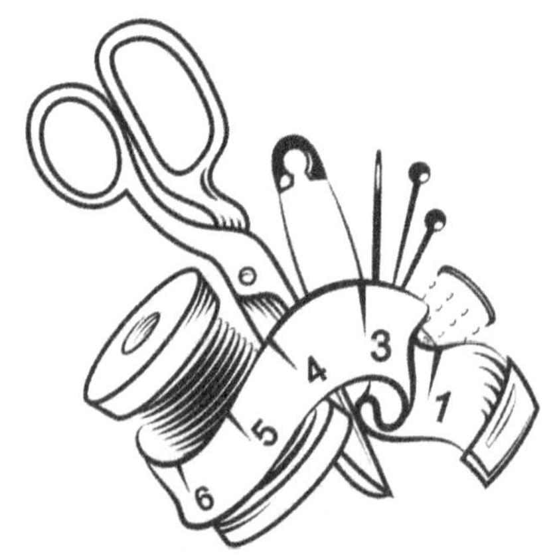

Tendenze

Ispirazioni

Tessuti

Note

Dettagli

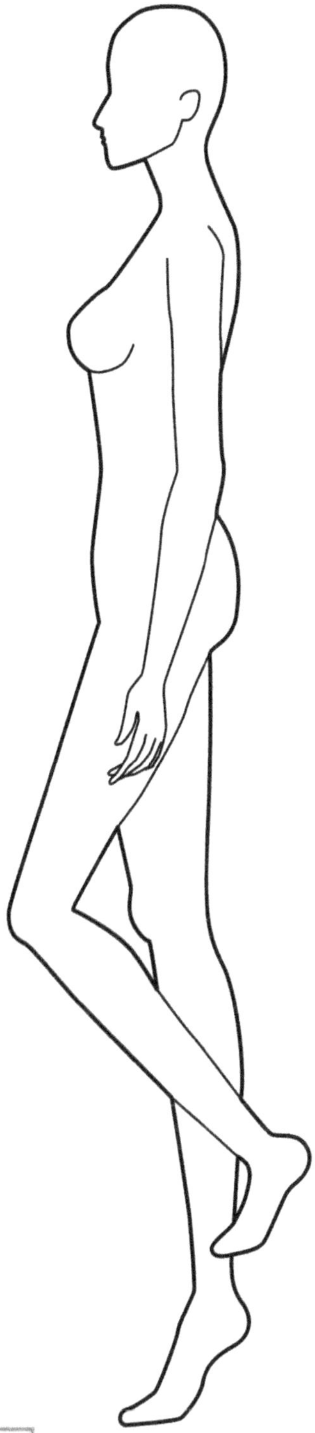

Campioni

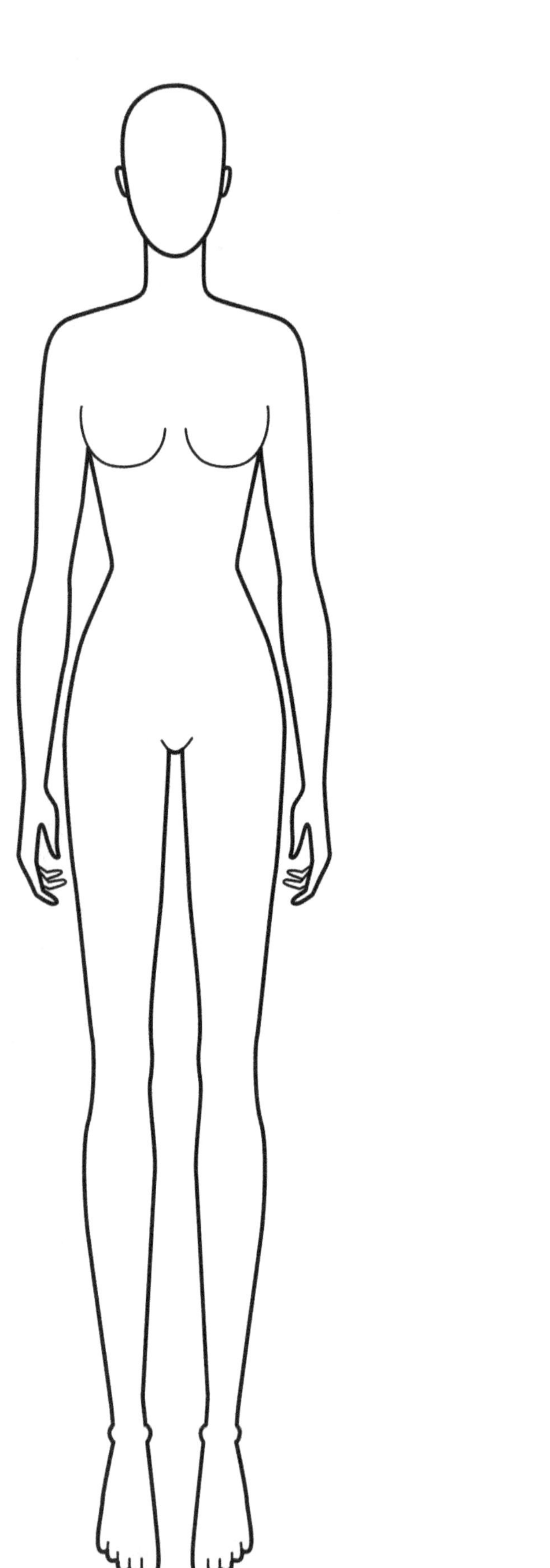
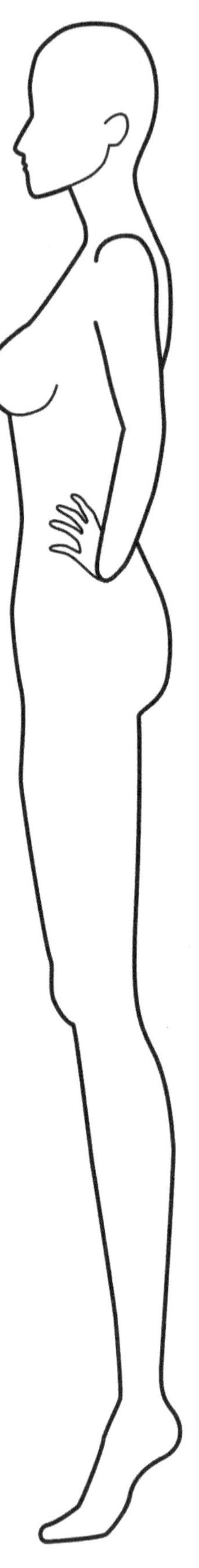

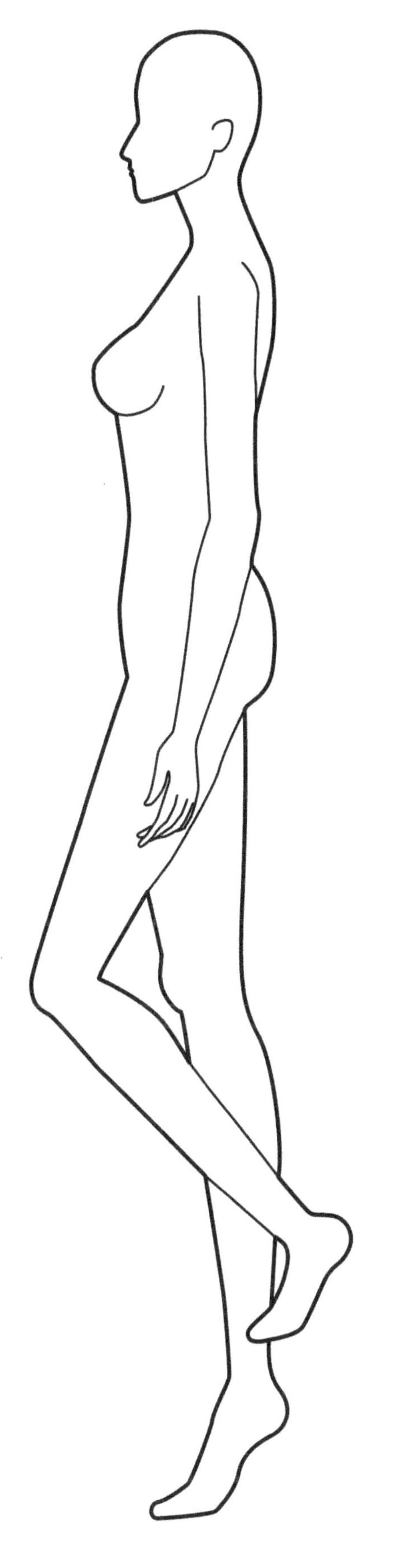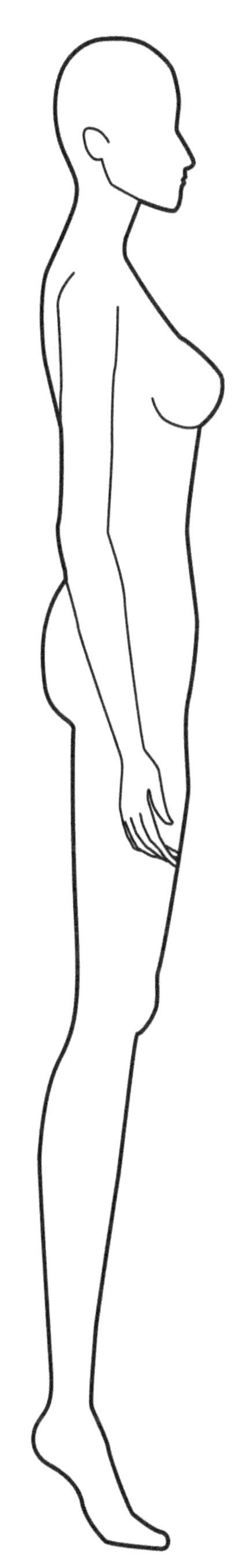

Le Tue Note & Foto d'Ispirazione

Questa pagina è la tua galleria creativa. Usala per monitorare i tuoi progressi, raccogliere i tuoi design preferiti e riflettere sul tuo percorso.

- Aggiungi schizzi, foto d'ispirazione o ritagli per dare vita alle tue idee di moda.
- Scrivi dettagli come colori, tessuti o elementi dell'outfit che ti hanno ispirato.
- Lascia spazio per il tuo "io futuro", per tornare indietro e confrontare come si è evoluto il tuo stile.

Trucco del mestiere: *Una sola immagine o un piccolo campione può ispirare un'intera collezione. Non aver paura di conservare anche i dettagli più piccoli che ti ispirano!*

Ispirazione Outfit: Chic da Ufficio e Glam da Passerella

Equilibrio Smart-Casual e Brillantezza da Festival

Ispirazione Office Chic

Lo stile smart-casual è il giusto equilibrio per molti ambienti di lavoro. Abbina pantaloni a sigaretta con un top in maglia o una camicetta infilata nei pantaloni. Aggiungi un blazer corto per raffinatezza e completa con ballerine o stivaletti. Perfetto per riunioni creative o giornate in cui il comfort è essenziale.

Ispirazione Runway Glam

Il glamour da festival vive di luce e colore. Paillettes, glitter e tessuti olografici dominano la scena. Gonne a strati, crop top decorati e palette vivaci catturano energia e allegria. Accessori come copricapi piumati o occhiali specchiati portano il look verso il gioco e la libertà.

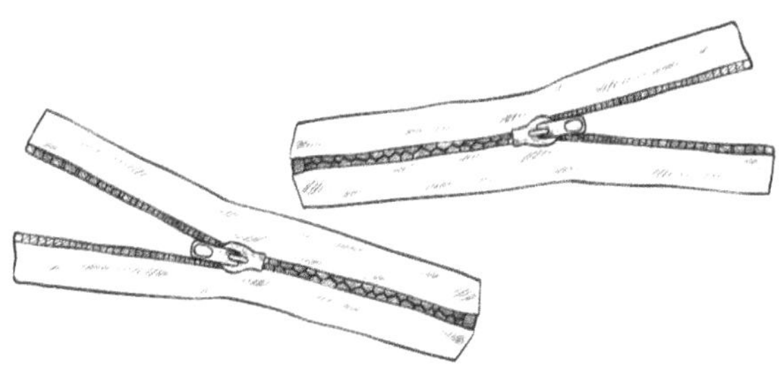

Guida alla Pratica di Moda e Note

I colori creano atmosfera. Usa questa pagina per sperimentare palette diverse e osservare come trasformano lo stesso design.

Come utilizzare questa pagina:
- Disegna un outfit e applica 2–3 combinazioni di colori diverse.
- Etichetta le scelte cromatiche (calde, fredde, monocromatiche).
- Annota come cambia la sensazione visiva.

Riflessione e note:
- Quale palette ha espresso meglio la mia idea?
- I colori si armonizzano o si scontrano?
- Come potrei riutilizzare questa combinazione?

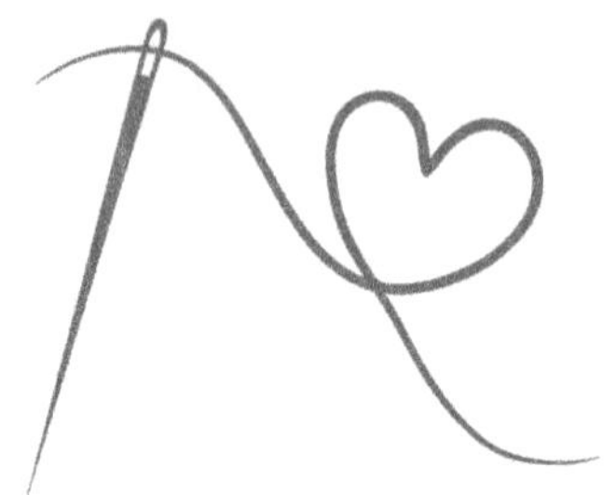

Consiglio professionale: *La palette giusta rende un design indimenticabile.*

Ispirazione Outfit: Moda Stradale

Revival Vintage della Moda Stradale

La moda stradale spesso reinterpreta la moda delle decadi passate - in particolare gli anni '80, '90 e primi 2000. Giacche di jeans oversize, magliette tie-dye, camicie a quadri e cappelli bucket sono tornati di tendenza.

Sfida di design: ricrea un look ispirato al vintage, ma con un tocco moderno. Magari una felpa tie-dye con sneakers contemporanee, o jeans a gamba larga con crop top e occhiali da sole audaci.

Consiglio professionale: *La moda stradale è ciclica - ciò che era "fuori moda" ieri è la tendenza di oggi.*

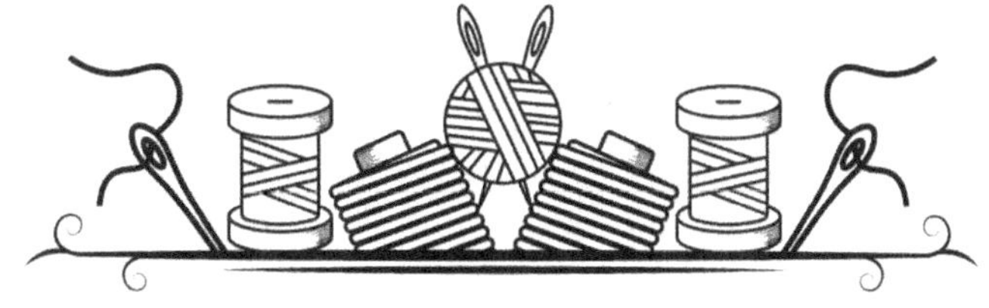

Tendenze

Ispirazioni

Tessuti

Note

Dettagli

Campioni

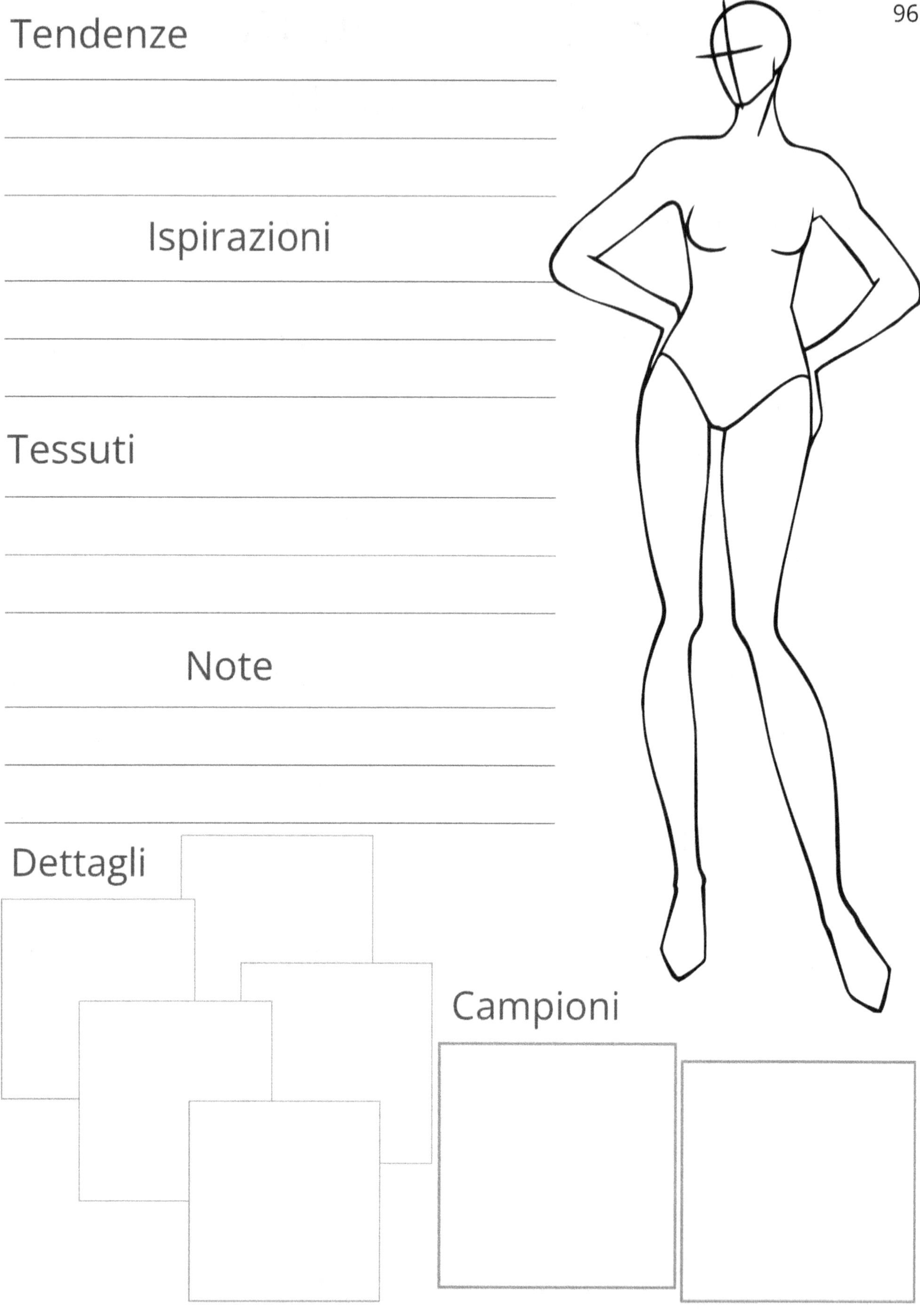

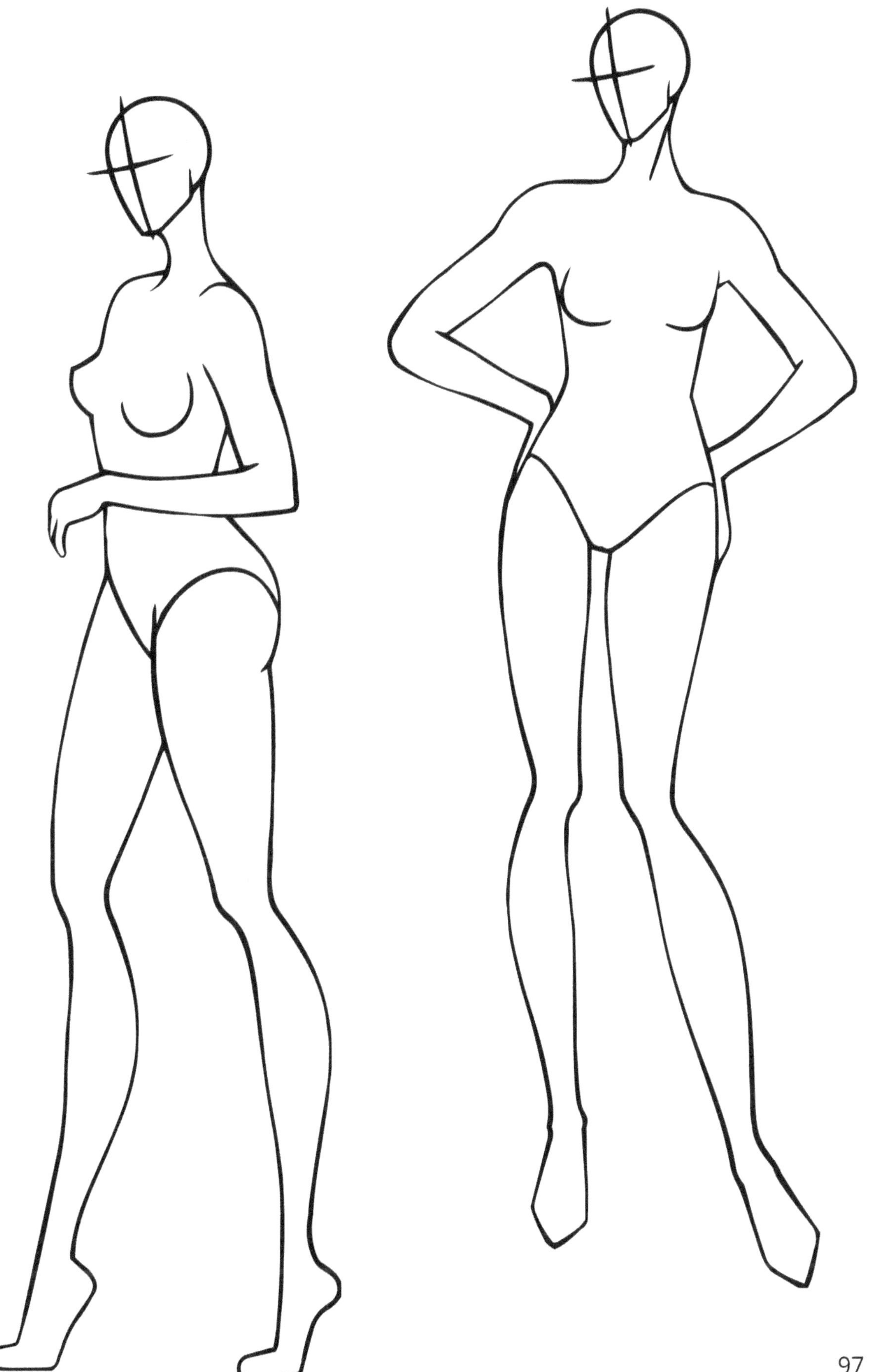

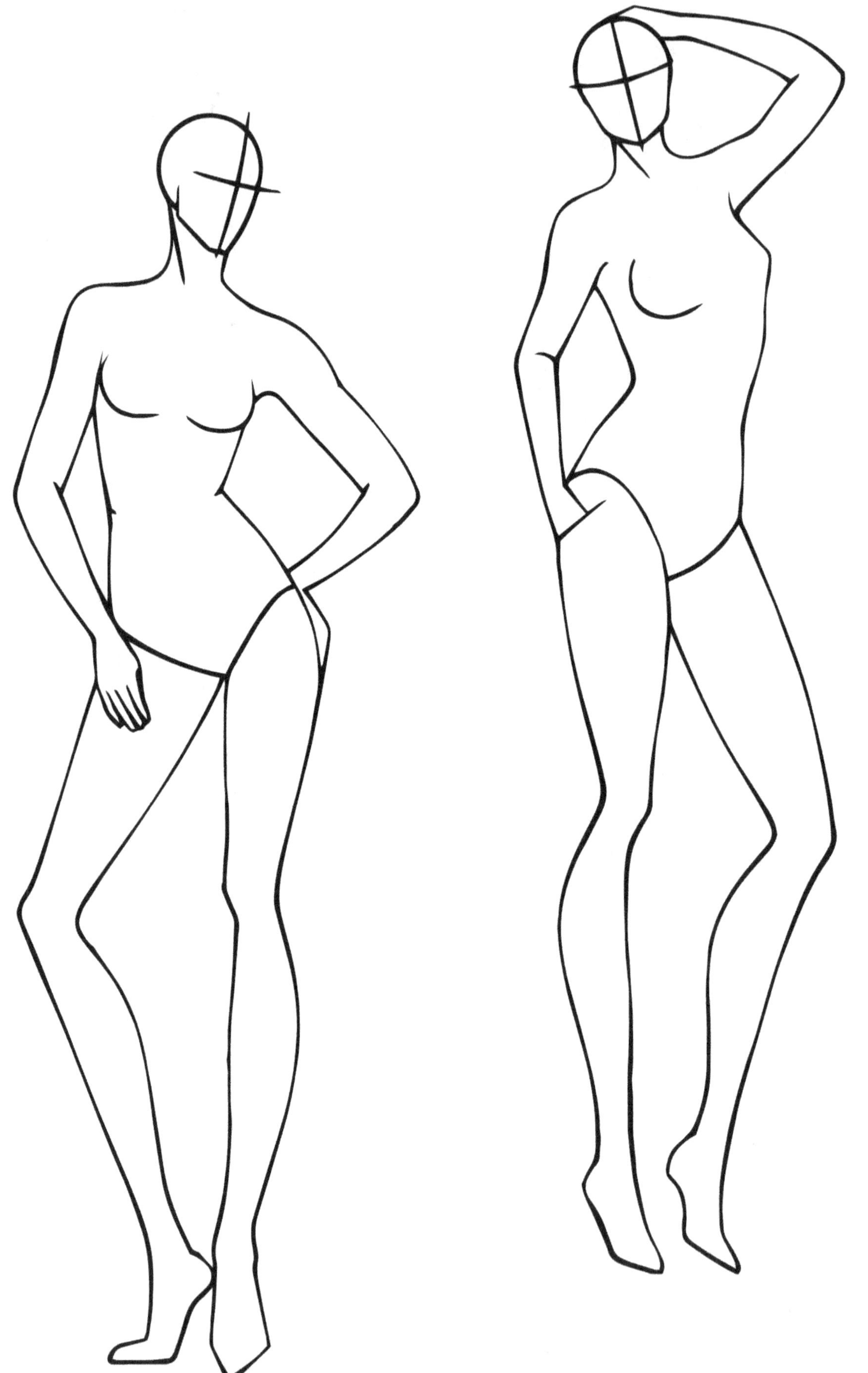

Le Tue Note & Foto d'Ispirazione

Questa pagina è la tua galleria creativa. Usala per monitorare i tuoi progressi, raccogliere i tuoi design preferiti e riflettere sul tuo percorso.

- Aggiungi schizzi, foto d'ispirazione o ritagli per dare vita alle tue idee di moda.
- Scrivi dettagli come colori, tessuti o elementi dell'outfit che ti hanno ispirato.
- Lascia spazio per il tuo "io futuro", per tornare indietro e confrontare come si è evoluto il tuo stile.

Trucco del mestiere: *Una sola immagine o un piccolo campione può ispirare un'intera collezione. Non aver paura di conservare anche i dettagli più piccoli che ti ispirano!*

Ispirazione Outfit: Chic da Ufficio e Glam da Passerella

Abito Elegante da Ufficio e Couture Sostenibile

Ispirazione Office Chic

Un abito elegante da ufficio semplifica le mattine mantenendo lo stile. Un tubino al ginocchio in tinta unita con una giacca corta funziona perfettamente. Scegli tessuti morbidi che mantengono la forma e si muovono comodamente. Scarpe neutre e una cintura sottile completano il look.

Ispirazione Runway Glam

La couture sostenibile esplora il lusso con coscienza. I designer sperimentano con seta naturale, tessuti di bambù o decorazioni riciclate. Abiti lunghi a basso spreco di tessuto uniscono bellezza e innovazione. Mostrare scelte etiche in passerella ispira consapevolezza e ammirazione.

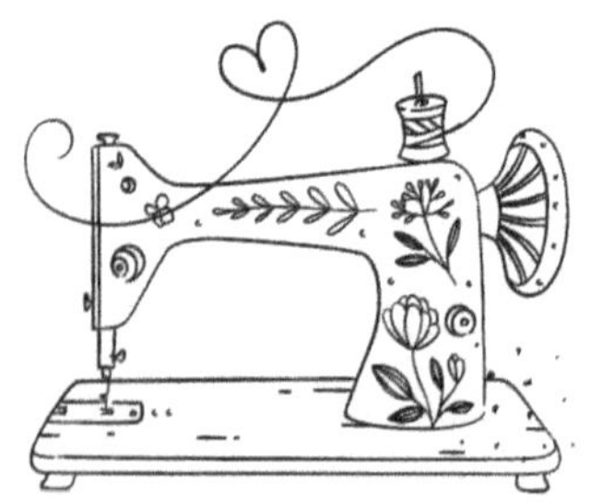

Guida alla Pratica di Moda e Note

Gli outfit diventano più forti quando fanno parte di una collezione.
Usa questa pagina per pensare oltre un singolo design e creare capi che
funzionano insieme.

Come utilizzare questa pagina:

- Disegna 2–3 varianti dello stesso tema.
- Mantieni un dettaglio unificante (colore, tessuto, silhouette).
- Aggiungi note su come si inseriscono in un guardaroba capsule.

Riflessione e note:

- I miei schizzi sembrano far parte di una stessa collezione?
- Quale capo si distingue di più?
- Come potrei migliorare l'armonia tra loro?

Consiglio professionale: *Le collezioni forti nascono dalla coerenza con un tocco di originalità.*

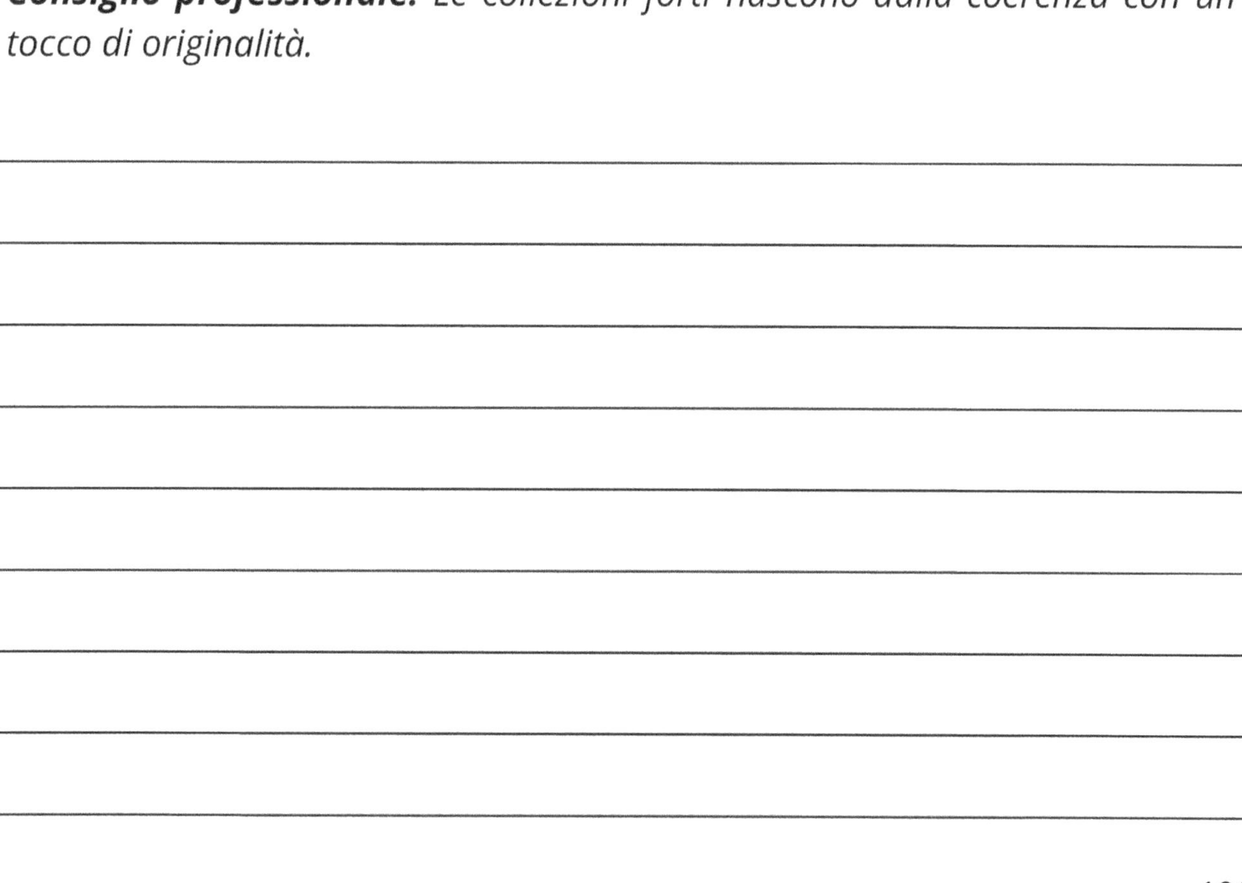

____

____

____

____

____

____

____

Ispirazione Outfit:
Moda Stradale

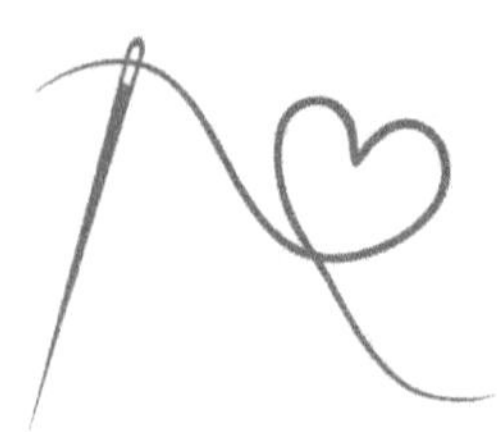

Le Sneakers come Punto Centrale

Le sneakers non sono solo calzature: nella moda urbana, sono la base dell'intero outfit. A volte, tutto il look ruota intorno a loro.

Esercizio di design: scegli un paio di sneakers appariscenti (immaginale in colori neon, alte o con suole spesse) e crea tutto l'outfit per valorizzarle. Magari pantaloni jogger infilati nei calzini, abbinati a una felpa corta e un bomber a strati.

Suggerimento sui tessuti: bilancia le sneakers vistose con capi neutri, oppure abbina piccoli dettagli (lacci, righe) agli accessori per creare coesione.

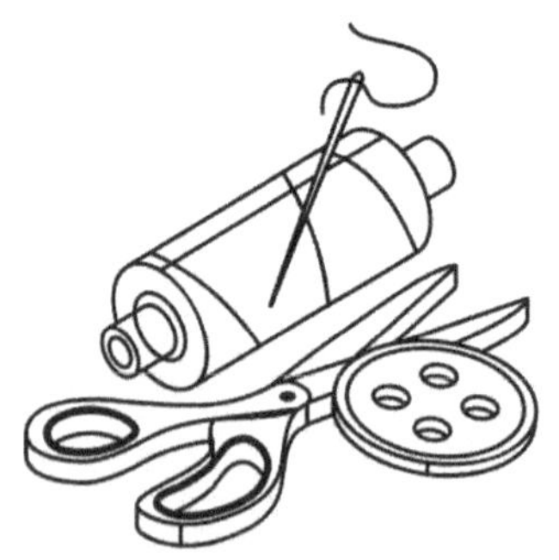

Tendenze

Ispirazioni

Tessuti

Note

Dettagli

Campioni

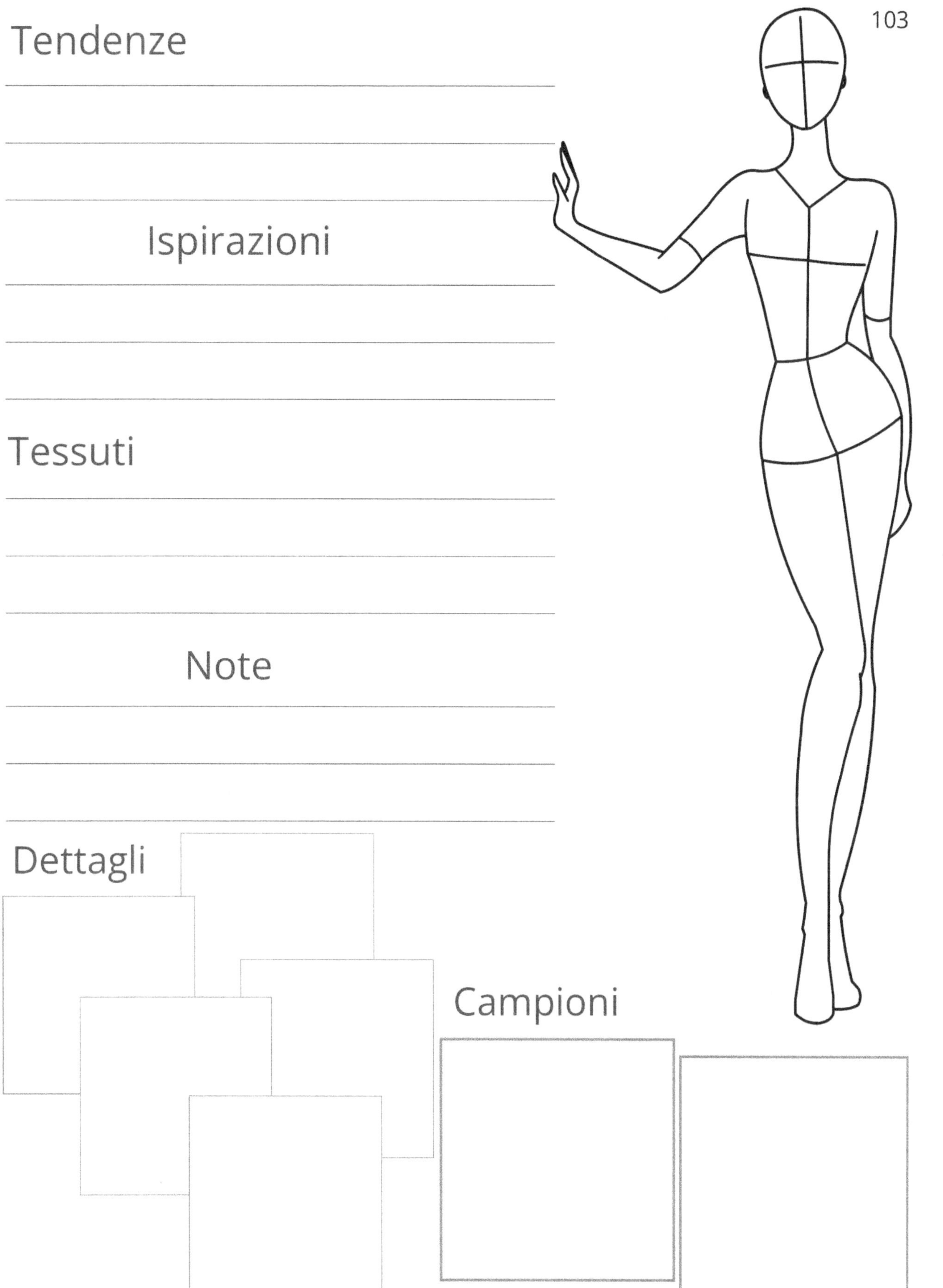

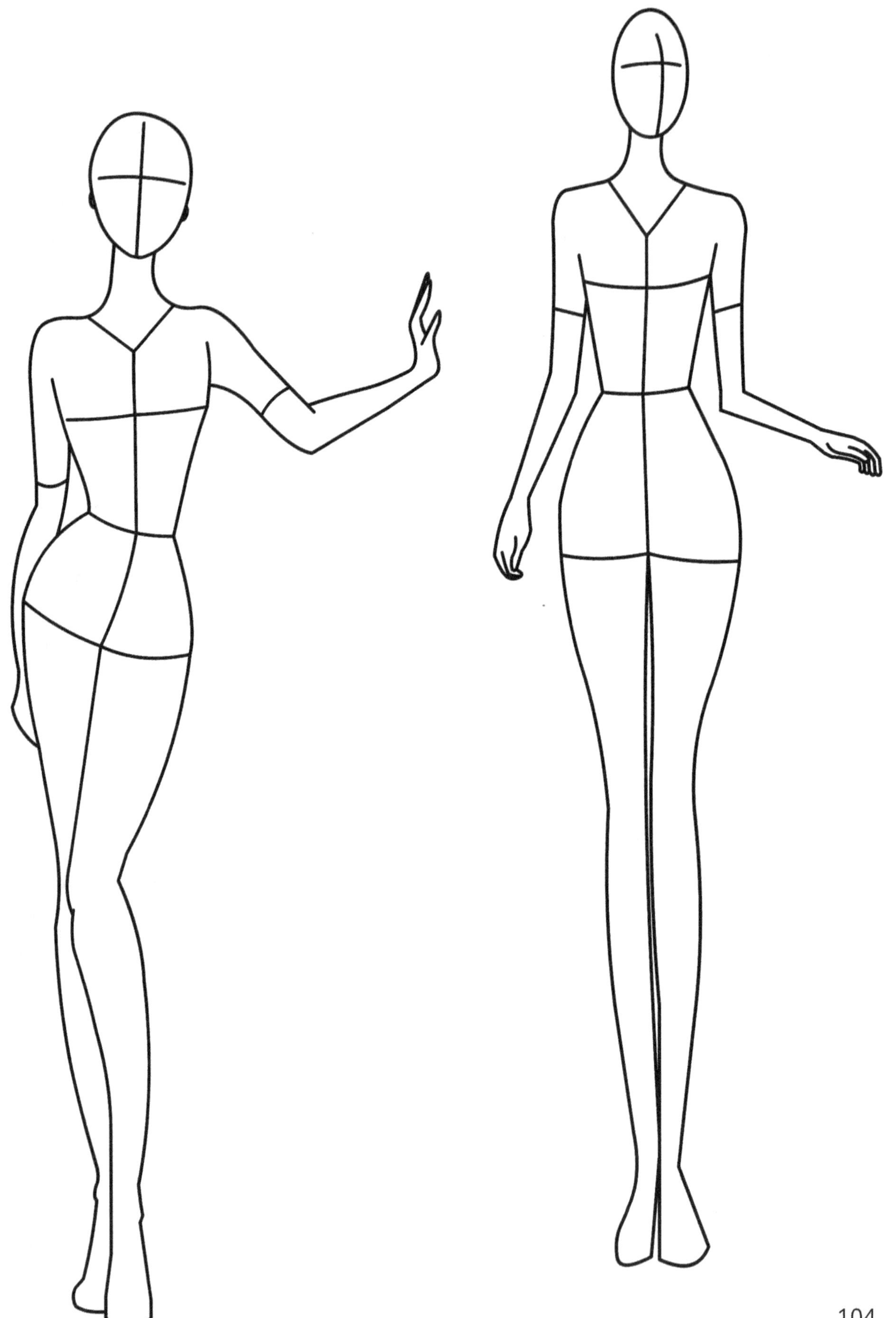

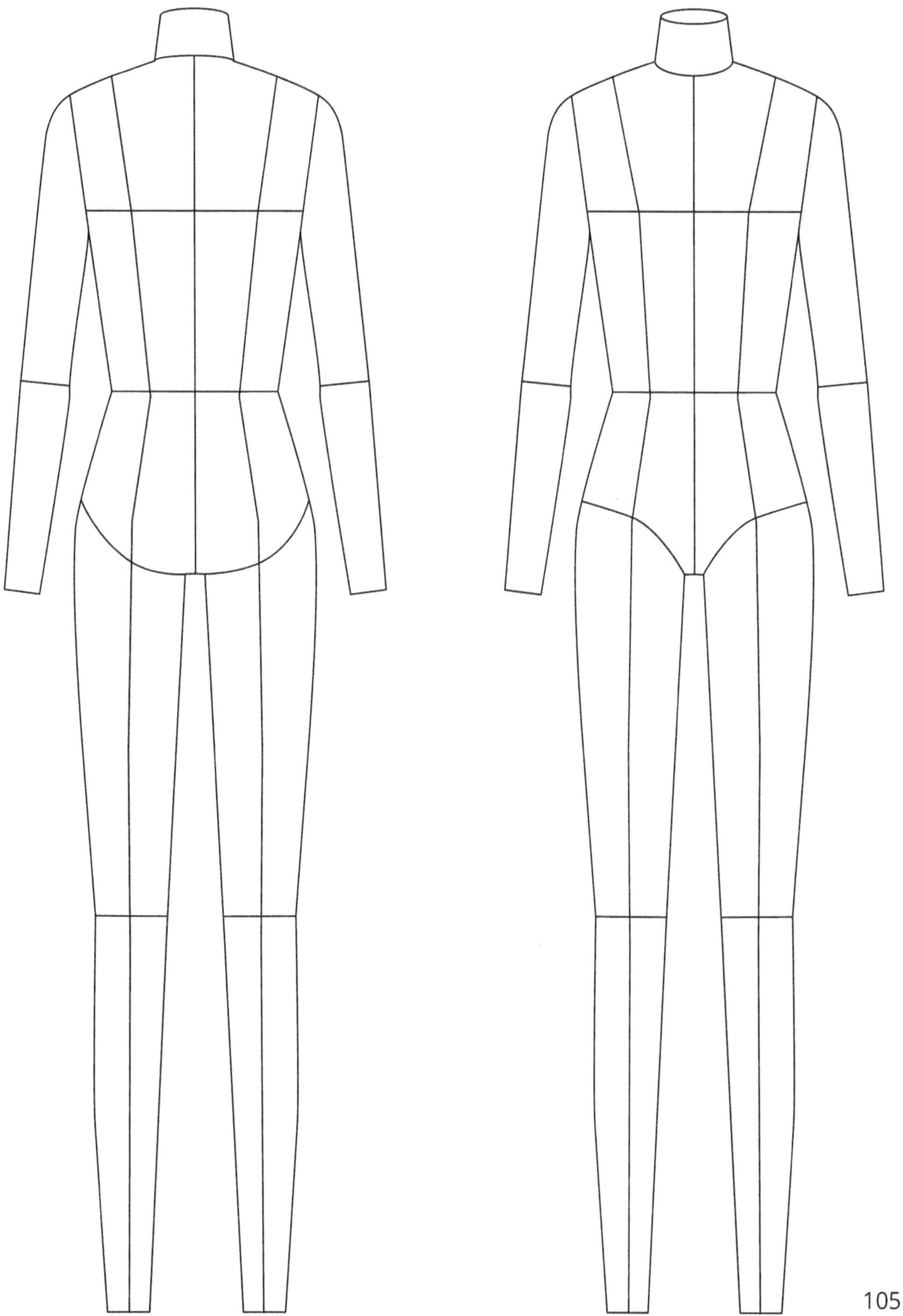

Le Tue Note & Foto d'Ispirazione

Questa pagina è la tua galleria creativa. Usala per monitorare i tuoi progressi, raccogliere i tuoi design preferiti e riflettere sul tuo percorso.

- Aggiungi schizzi, foto d'ispirazione o ritagli per dare vita alle tue idee di moda.
- Scrivi dettagli come colori, tessuti o elementi dell'outfit che ti hanno ispirato.
- Lascia spazio per il tuo "io futuro", per tornare indietro e confrontare come si è evoluto il tuo stile.

Trucco del mestiere: *Una sola immagine o un piccolo campione può ispirare un'intera collezione. Non aver paura di conservare anche i dettagli più piccoli che ti ispirano!*

Ispirazione Outfit: Chic da Ufficio e Glam da Passerella

Look da Ufficio Adattato alle Tendenze e Look Futuristico da Passerella

Ispirazione Office Chic

Integrare le tendenze con discrezione nel guardaroba da ufficio mantiene lo stile attuale. Pantaloni ampi, tonalità pastello tenui o blazer oversize diventano professionali se bilanciati con colori neutri. Accessori come borse strutturate a tracolla o mocassini moderni completano il look con eleganza.

Ispirazione Runway Glam

Un look futuristico da passerella richiede audacia. Abiti con dettagli luminosi, tessuti riflettenti o silhouette scultoree ridefiniscono i confini della moda. Sono creazioni pensate per stupire il pubblico e ispirare conversazioni.

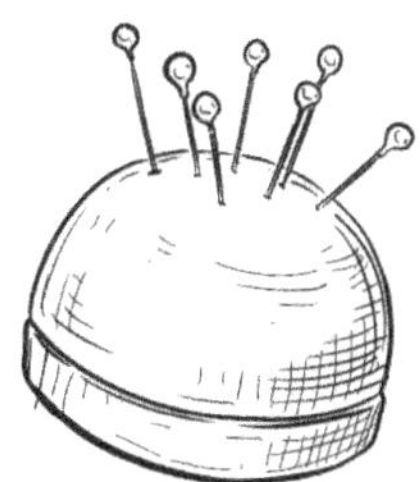

Guida alla Pratica di Moda & Note

A volte "meno è più". Usa questa pagina per esplorare il minimalismo: linee pulite, pochi dettagli e un'attenzione alla silhouette.

Come utilizzare questa pagina:
- Progetta un outfit con non più di 3 elementi principali.
- Concentrati sulle proporzioni e sugli spazi vuoti.
- Annota come la semplicità cambia l'atmosfera del design.

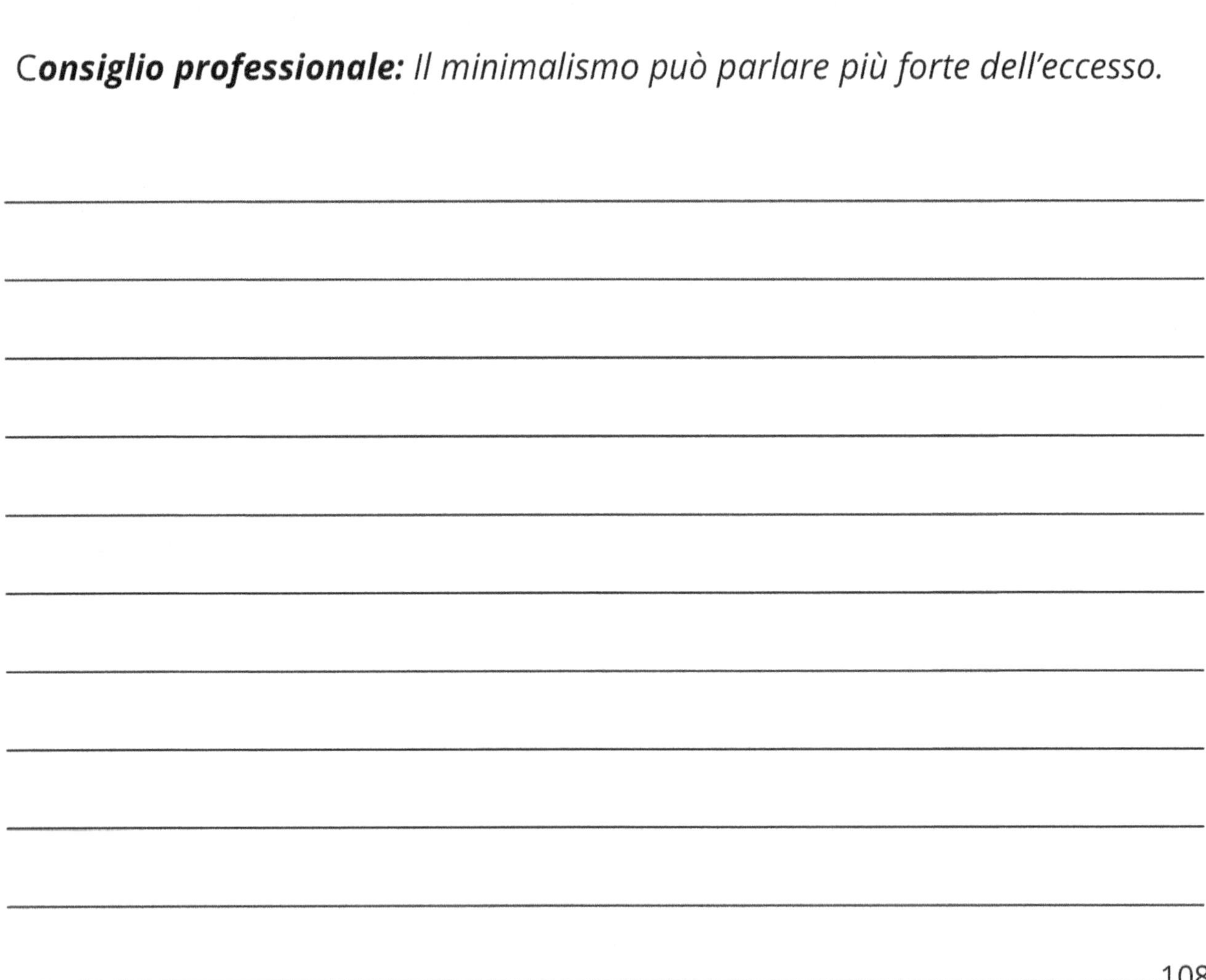

Riflessione e note:
- La semplicità ha reso il mio design più efficace?
- Quale dettaglio ha più impatto?
- Cosa eliminerei o manterrei la prossima volta?

*C***onsiglio professionale:** *Il minimalismo può parlare più forte dell'eccesso.*

Ispirazione Outfit:
Moda Stradale

Accessori che fanno risaltare lo stile urbano

Gli accessori spesso definiscono la moda stradale. Cappelli a secchiello, occhiali oversize, catene massicce, marsupi e berretti sono i tocchi finali che rendono un outfit memorabile.

Sfida di disegno: crea una base semplice e poi valorizzala con 2–3 accessori audaci. Osserva come gli accessori possono trasformare un abbigliamento minimale in un look urbano completo.

Consiglio professionale: Gli accessori sono il modo più rapido per sperimentare le tendenze senza cambiare l'intero outfit.

Tendenze

Ispirazioni

Tessuti

Note

Dettagli

Campioni

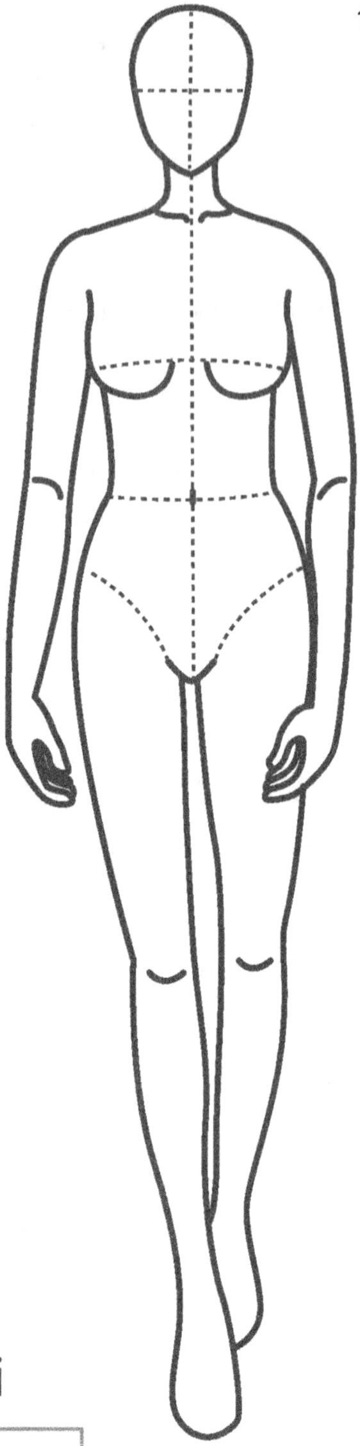

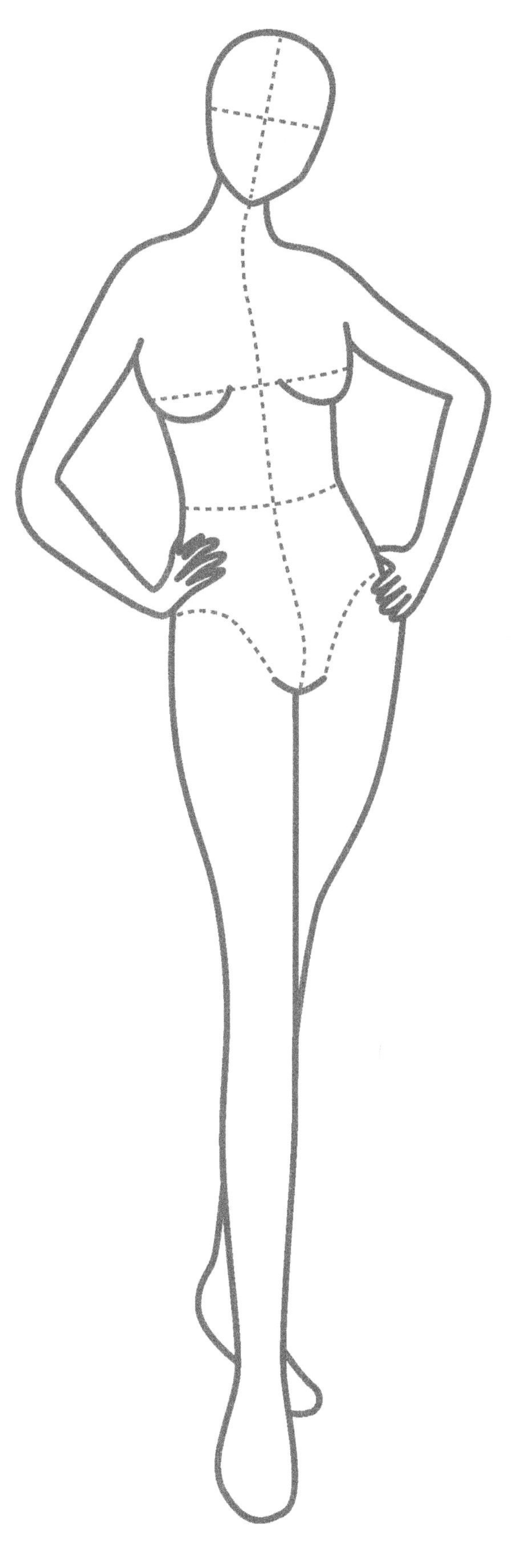
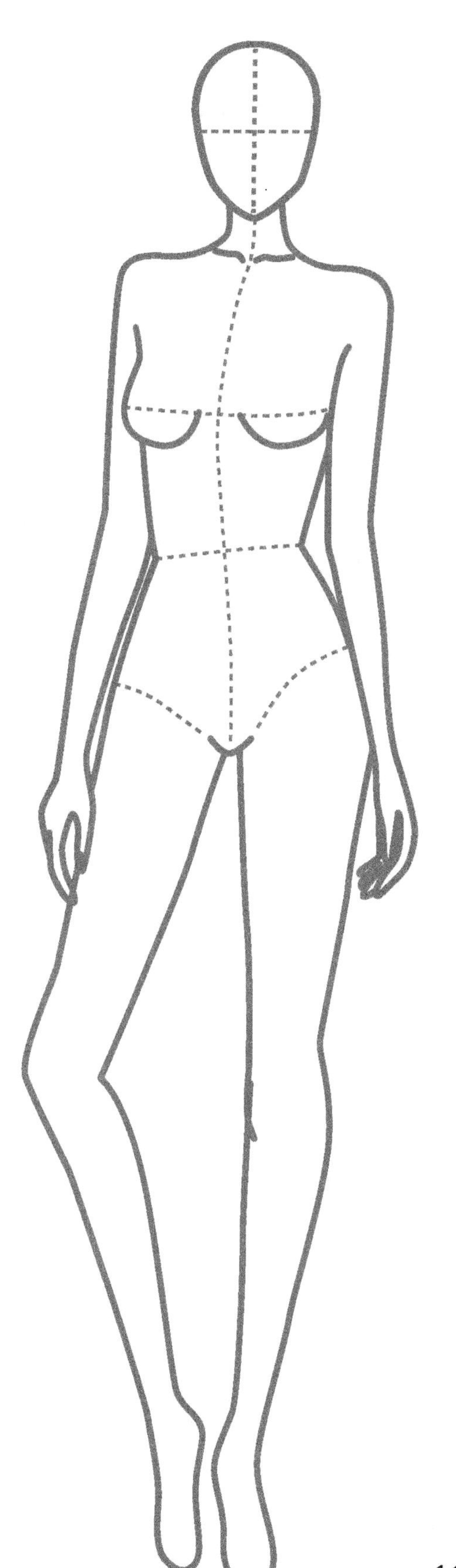

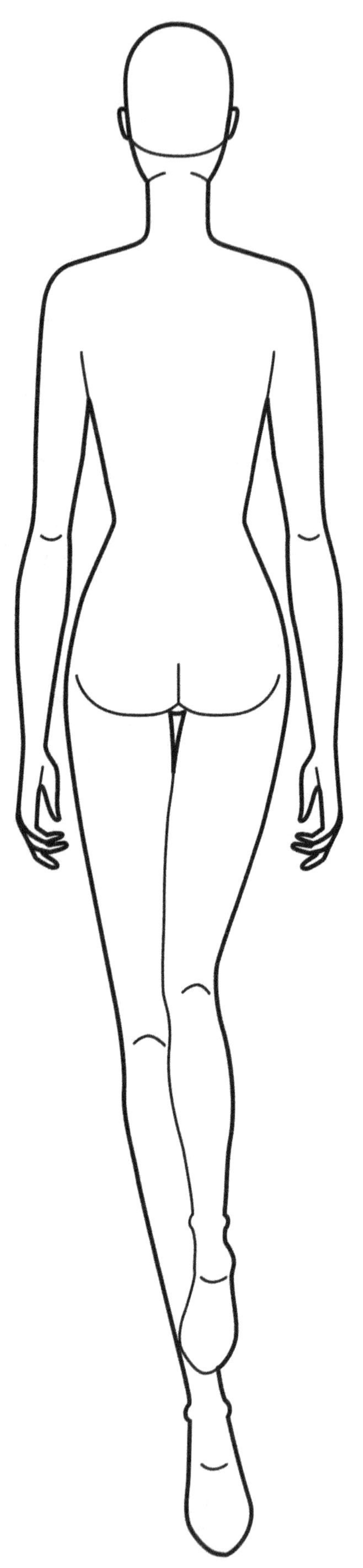
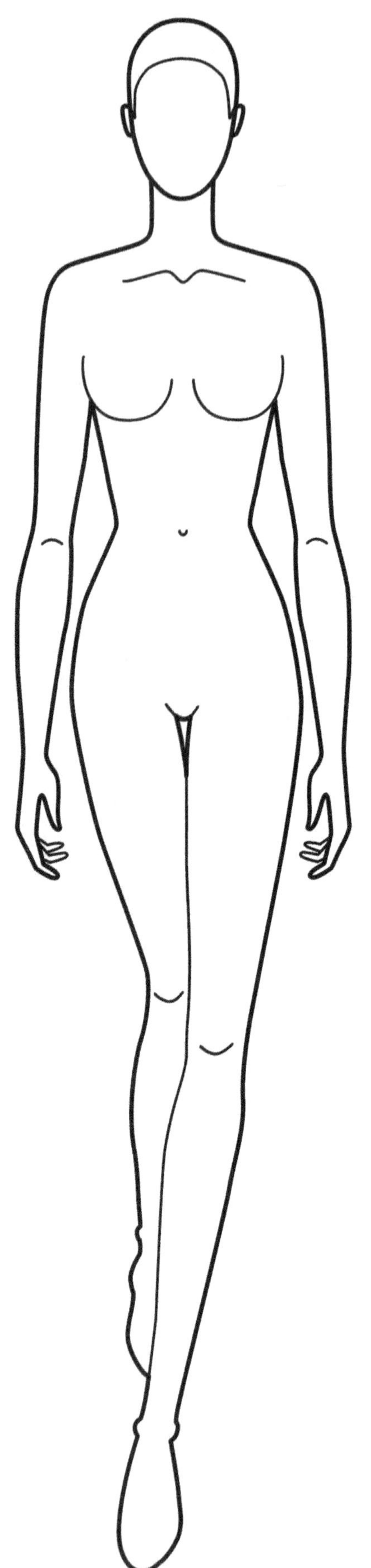

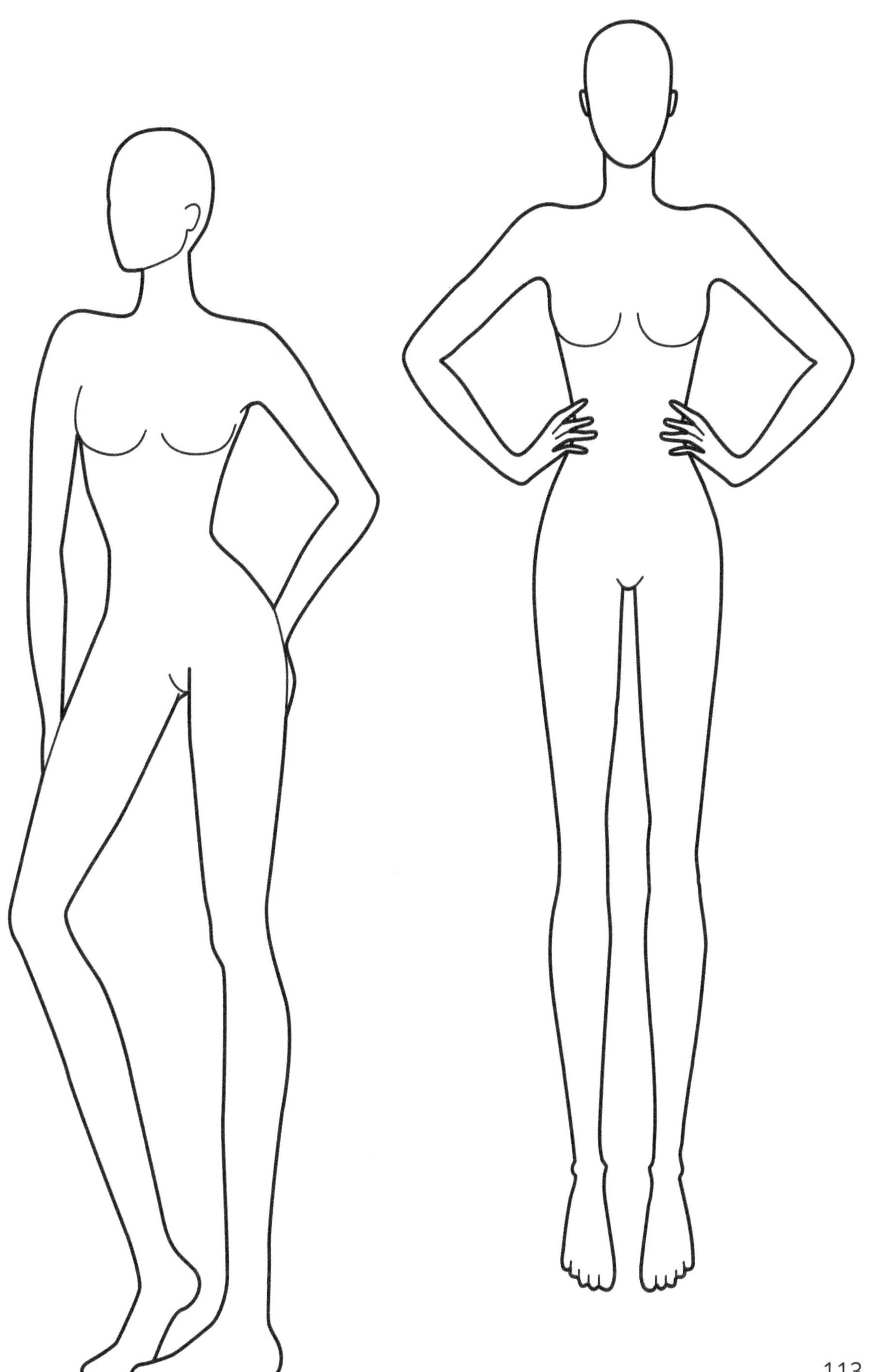

Le Tue Note & Foto d'Ispirazione

Questa pagina è la tua galleria creativa. Usala per monitorare i tuoi progressi, raccogliere i tuoi design preferiti e riflettere sul tuo percorso.

- Aggiungi schizzi, foto d'ispirazione o ritagli per dare vita alle tue idee di moda.
- Scrivi dettagli come colori, tessuti o elementi dell'outfit che ti hanno ispirato.
- Lascia spazio per il tuo "io futuro", per tornare indietro e confrontare come si è evoluto il tuo stile.

Trucco del mestiere: *Una sola immagine o un piccolo campione può ispirare un'intera collezione. Non aver paura di conservare anche i dettagli più piccoli che ti ispirano!*

Ispirazione Outfit:
Chic da Ufficio e Glam da Passerella

Stratificazioni da Ufficio e Classico Glam da Red Carpet

Ispirazione Office Chic

La sovrapposizione trasforma i capi da ufficio semplici in ensemble eleganti e complessi. Indossa un dolcevita sotto un abito senza maniche, oppure una camicetta sotto una tuta strutturata. Sciarpe, cinture e blazer aggiungono profondità senza perdere professionalità. Lo stile a strati è pratico e raffinato.

Ispirazione Runway Glam

Il glamour classico da tappeto rosso non passa mai di moda: abiti lunghi fino a terra, velluto o raso pregiato e drappeggi eleganti. Completa con tacchi alti, acconciature raccolte e gioielli scintillanti. L'eleganza senza tempo garantisce raffinatezza ad ogni passo.

Guida alla Pratica di Moda e Note

Questa pagina è dedicata alla riflessione e alla celebrazione. Riguarda i tuoi schizzi passati e osserva i tuoi progressi. Usa lo spazio per annotare lezioni apprese e fissare nuovi obiettivi.

Come utilizzare questa pagina:
- Riassumi ciò che hai imparato finora.
- Disegna un capo che rappresenti i tuoi progressi.
- Scrivi cosa vuoi esplorare in seguito.

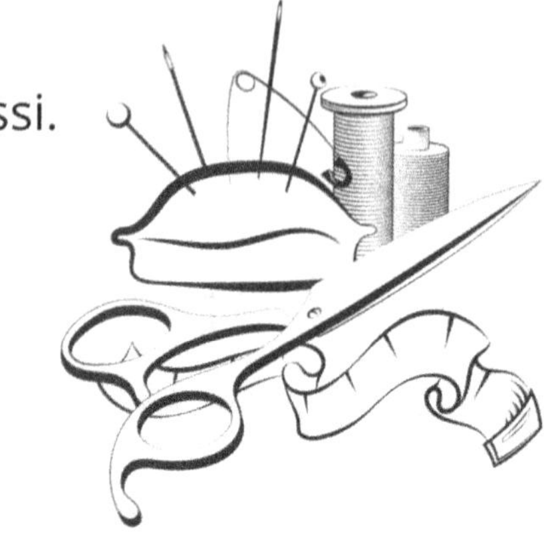

Riflessione e note:
- Qual è stato il mio miglior miglioramento?
- Quale tecnica voglio perfezionare?
- Qual è la mia prossima sfida di design?

Consiglio professionale: *Ogni pagina è una prova di crescita – sii orgogliosa del tuo percorso.*

Ispirazione Outfit: Moda Stradale

Lo moda stradale come espressione personale

 Alla sua essenza, la moda stradale parla di identità personale. Non si tratta di copiare le tendenze, ma di mescolare elementi per raccontare la propria storia. Che sia oversize, colorata, minimale o sportiva, la chiave è l'autenticità.

Esercizio di disegno: crea un outfit che ti rappresenti. Pensa ai tuoi colori preferiti, ai tagli che ami o alle influenze culturali che ti ispirano. Aggiungi dettagli unici – patch, stampe o un logo personale.

Pensiero finale: La moda stradale non è solo abbigliamento – è un atteggiamento. La sicurezza è il miglior accessorio che puoi indossare.

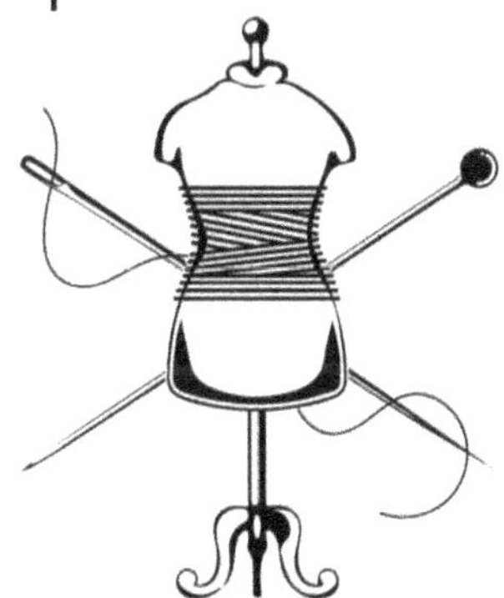

Tendenze

Ispirazioni

Tessuti

Note

Dettagli

Campioni

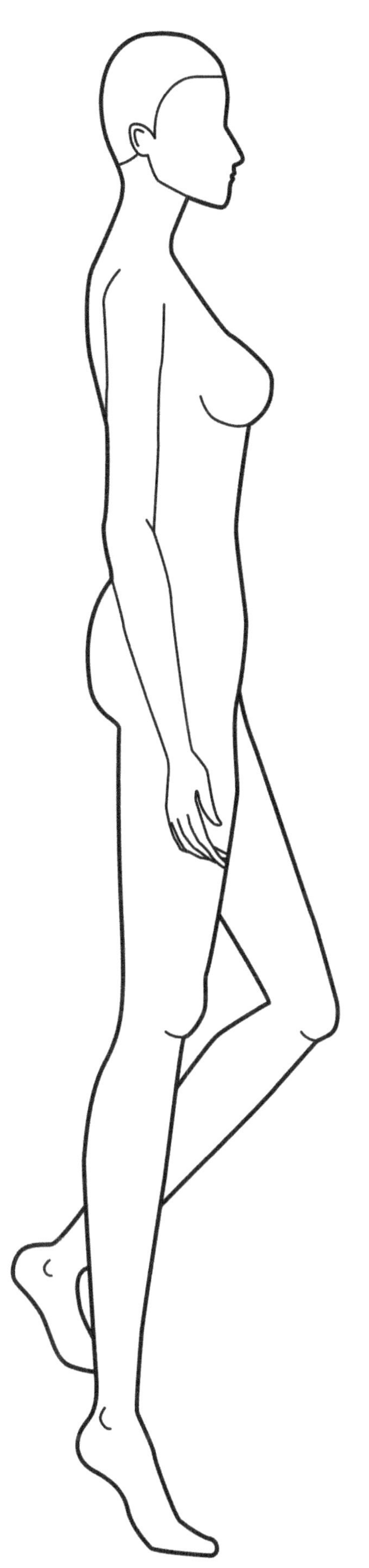
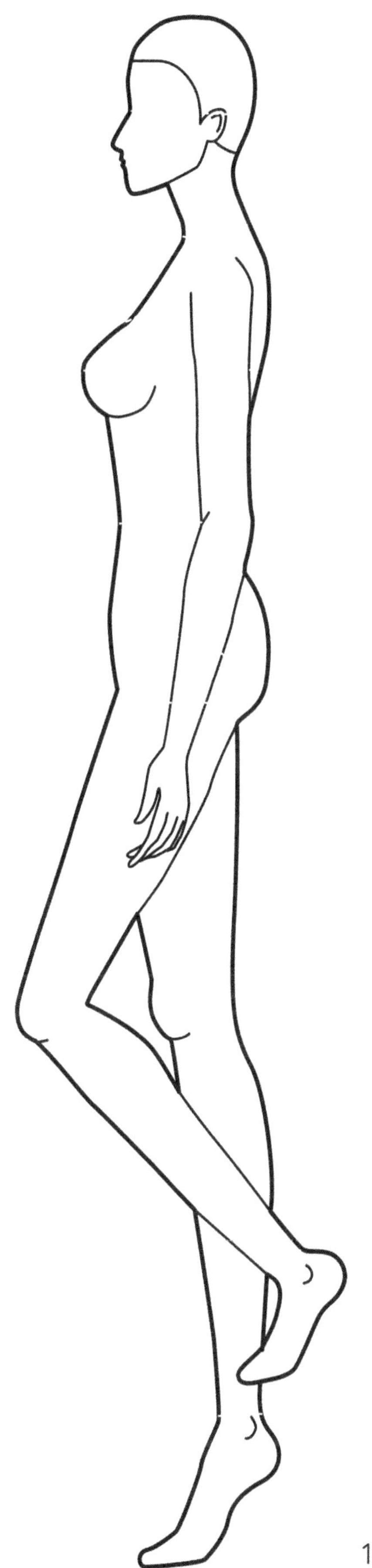

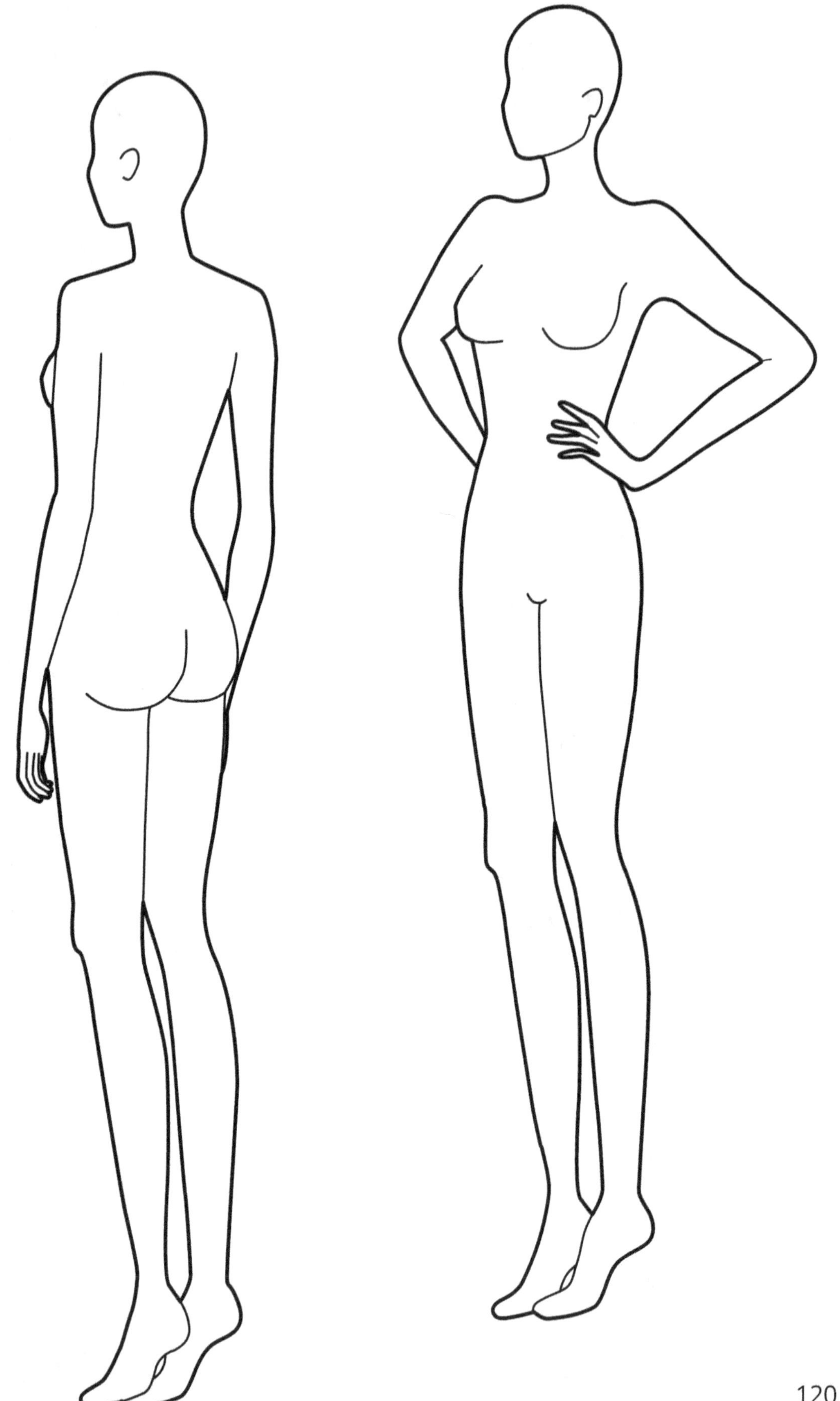

Le Tue Note & Foto d'Ispirazione

Questa pagina è la tua galleria creativa. Usala per monitorare i tuoi progressi, raccogliere i tuoi design preferiti e riflettere sul tuo percorso.

- Aggiungi schizzi, foto d'ispirazione o ritagli per dare vita alle tue idee di moda.
- Scrivi dettagli come colori, tessuti o elementi dell'outfit che ti hanno ispirato.
- Lascia spazio per il tuo "io futuro", per tornare indietro e confrontare come si è evoluto il tuo stile.

Trucco del mestiere*: Una sola immagine o un piccolo campione può ispirare un'intera collezione. Non aver paura di conservare anche i dettagli più piccoli che ti ispirano!*

Ispirazione Outfit:
Chic da Ufficio e Glam da Passerella

Look da Ufficio Deciso e Glamour Avanguardista

Ispirazione Office Chic

Ci sono giorni in cui serve farsi notare. Un completo dai colori intensi – verde smeraldo, blu reale o rosso vivo – trasmette sicurezza. Abbinalo a una blusa neutra e scarpe sobrie per lasciare che il completo sia il protagonista. Perfetto per presentazioni o riunioni importanti.

Ispirazione Runway Glam

Il glamour avanguardista sfida le convenzioni. Pensa a forme esagerate, volumi sovrapposti o texture sperimentali. Gli abiti possono combinare tessuti insoliti, tagli asimmetrici o accessori oversize. Questi look da passerella sono pensati per stupire e far riflettere, unendo arte e moda.

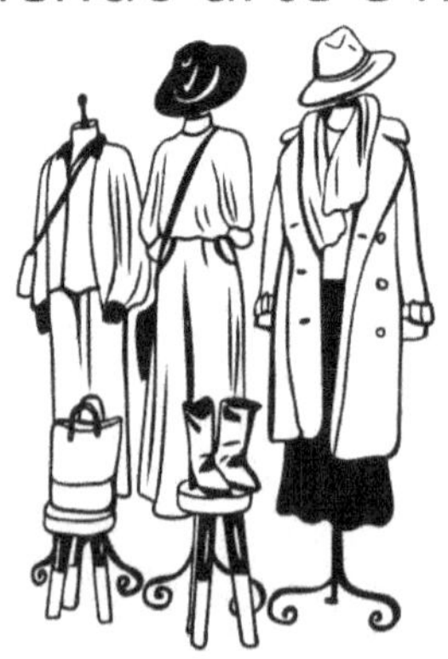

Tendenze

Ispirazioni

Tessuti

Note

Dettagli

Campioni

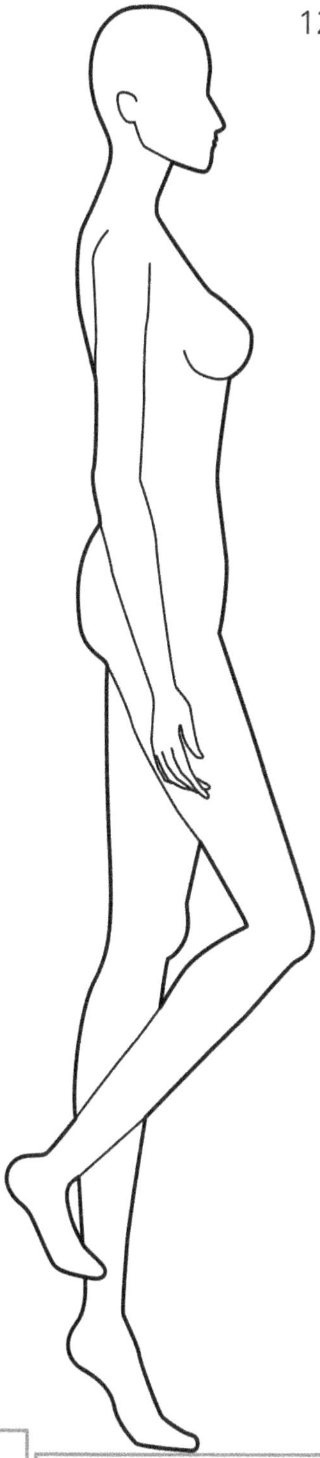

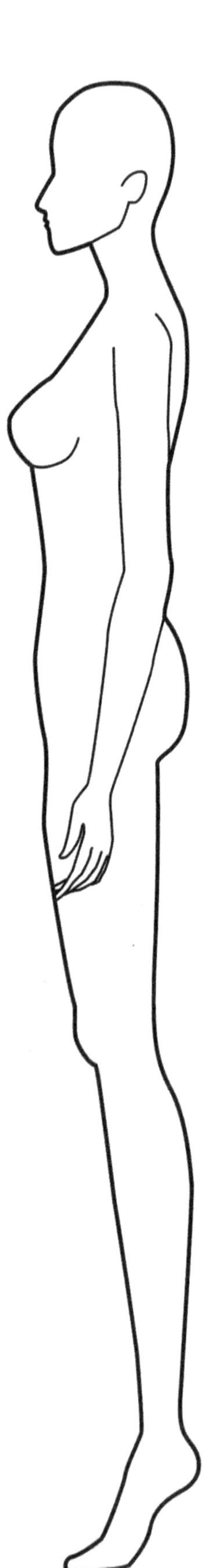
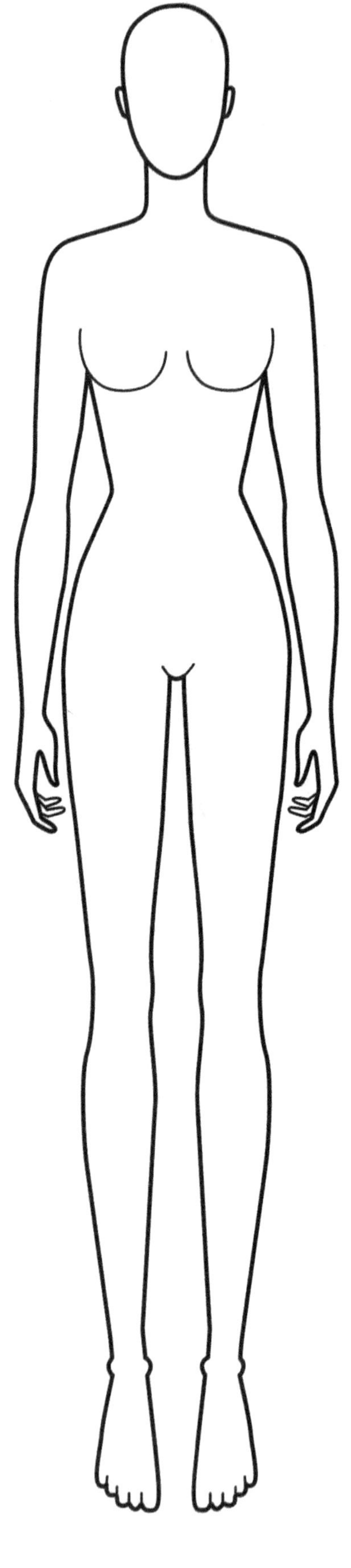

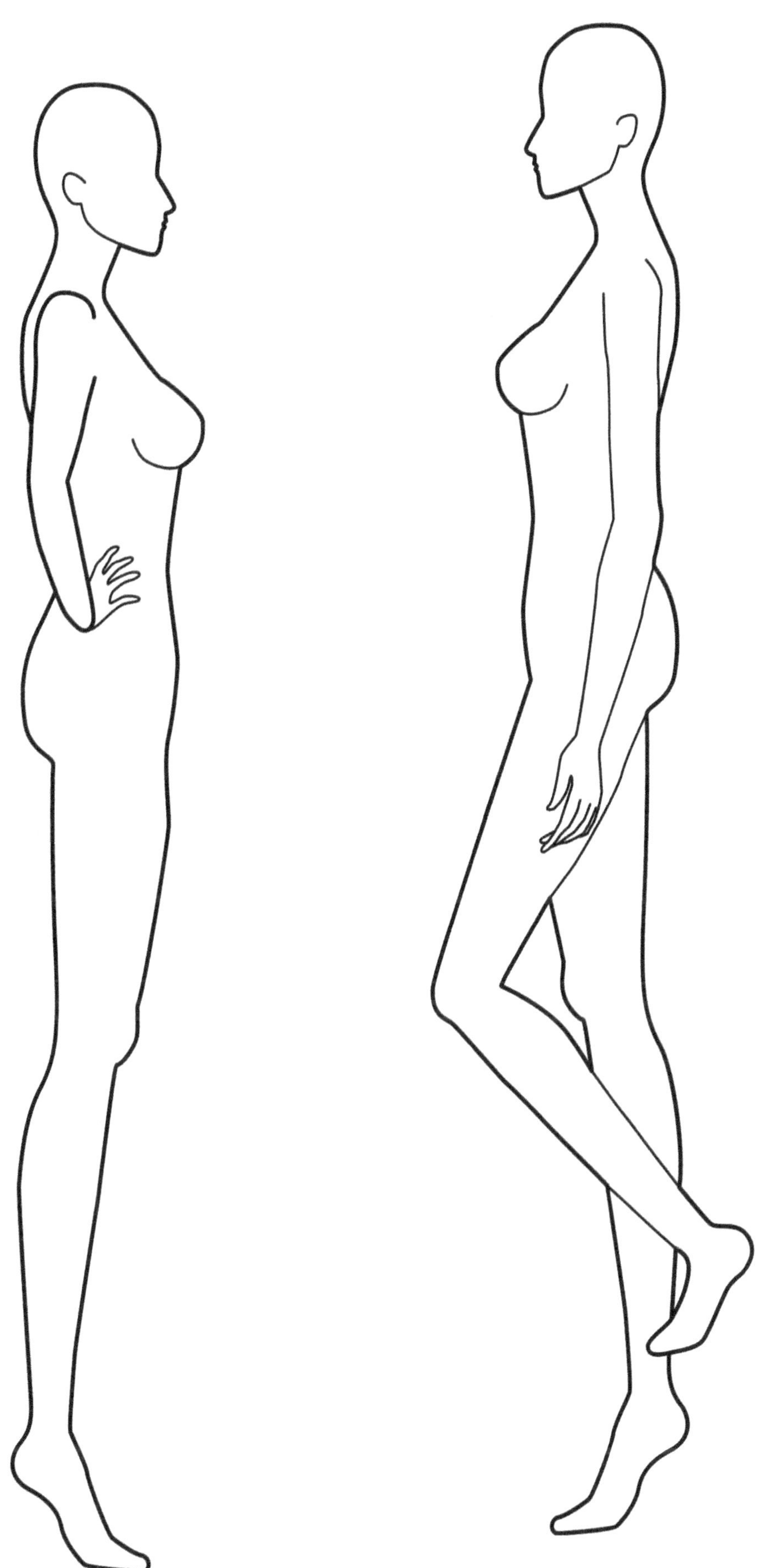

Tendenze

Ispirazioni

Tessuti

Note

Dettagli

Campioni

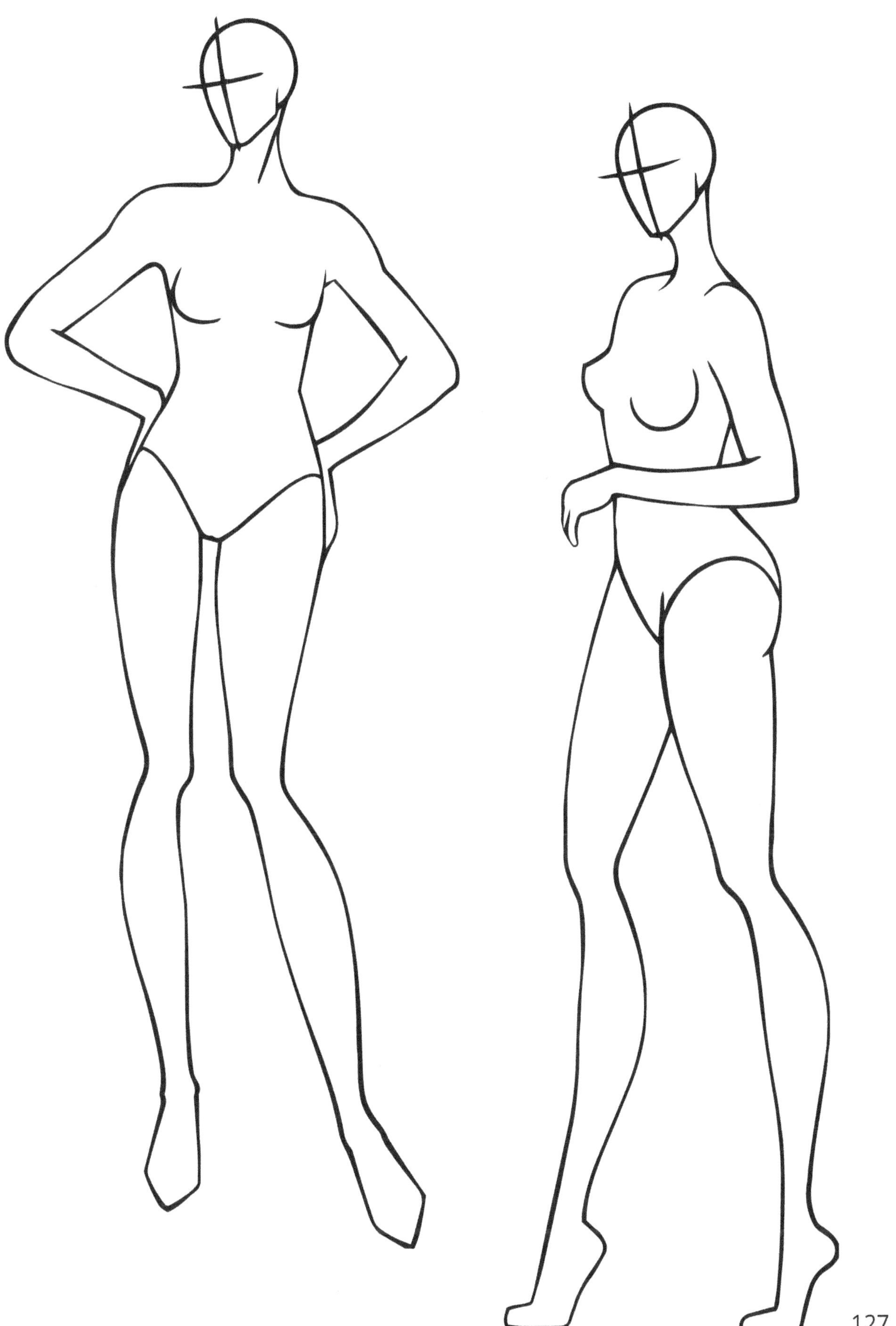

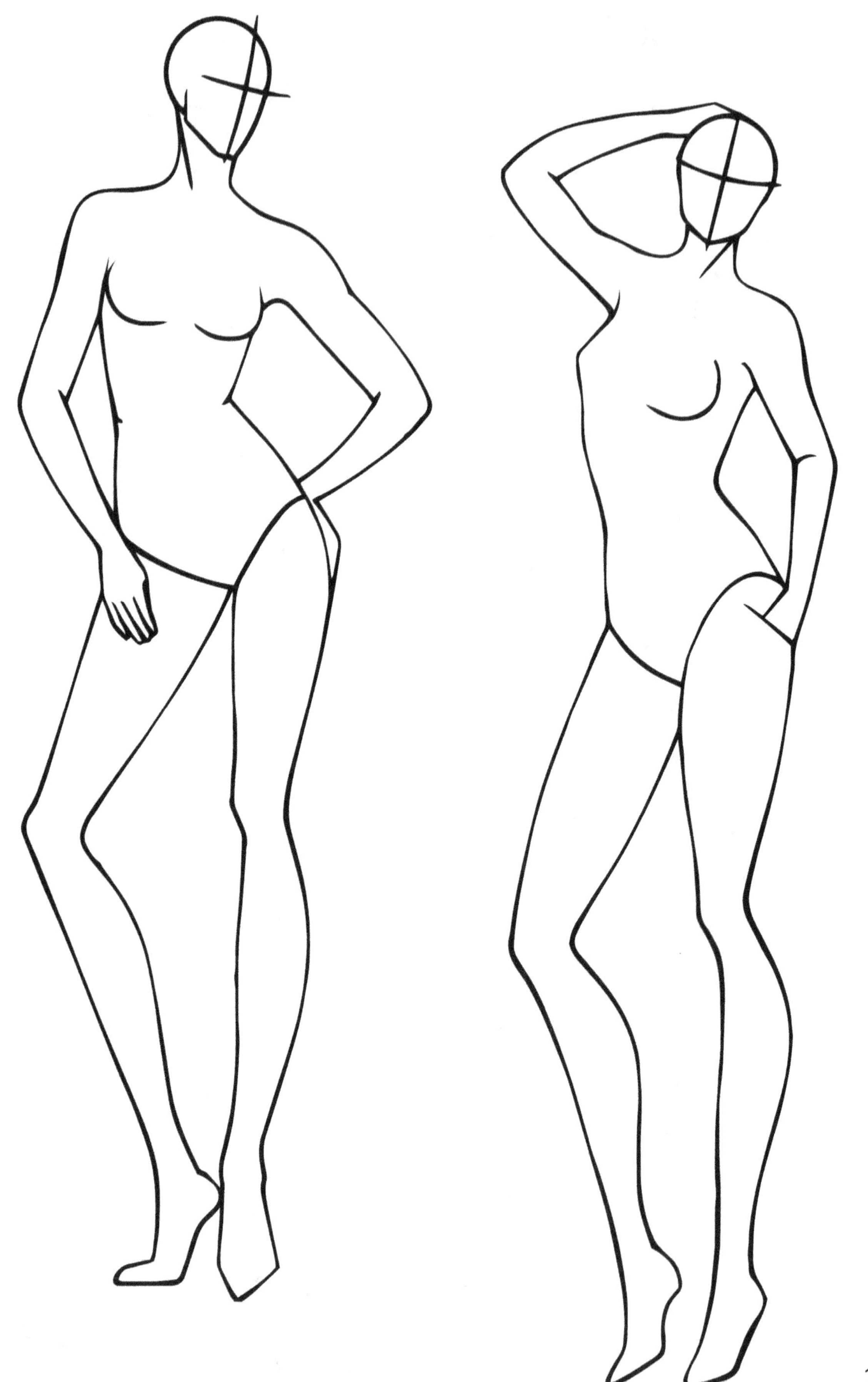

Tendenze

Ispirazioni

Tessuti

Note

Dettagli

Campioni

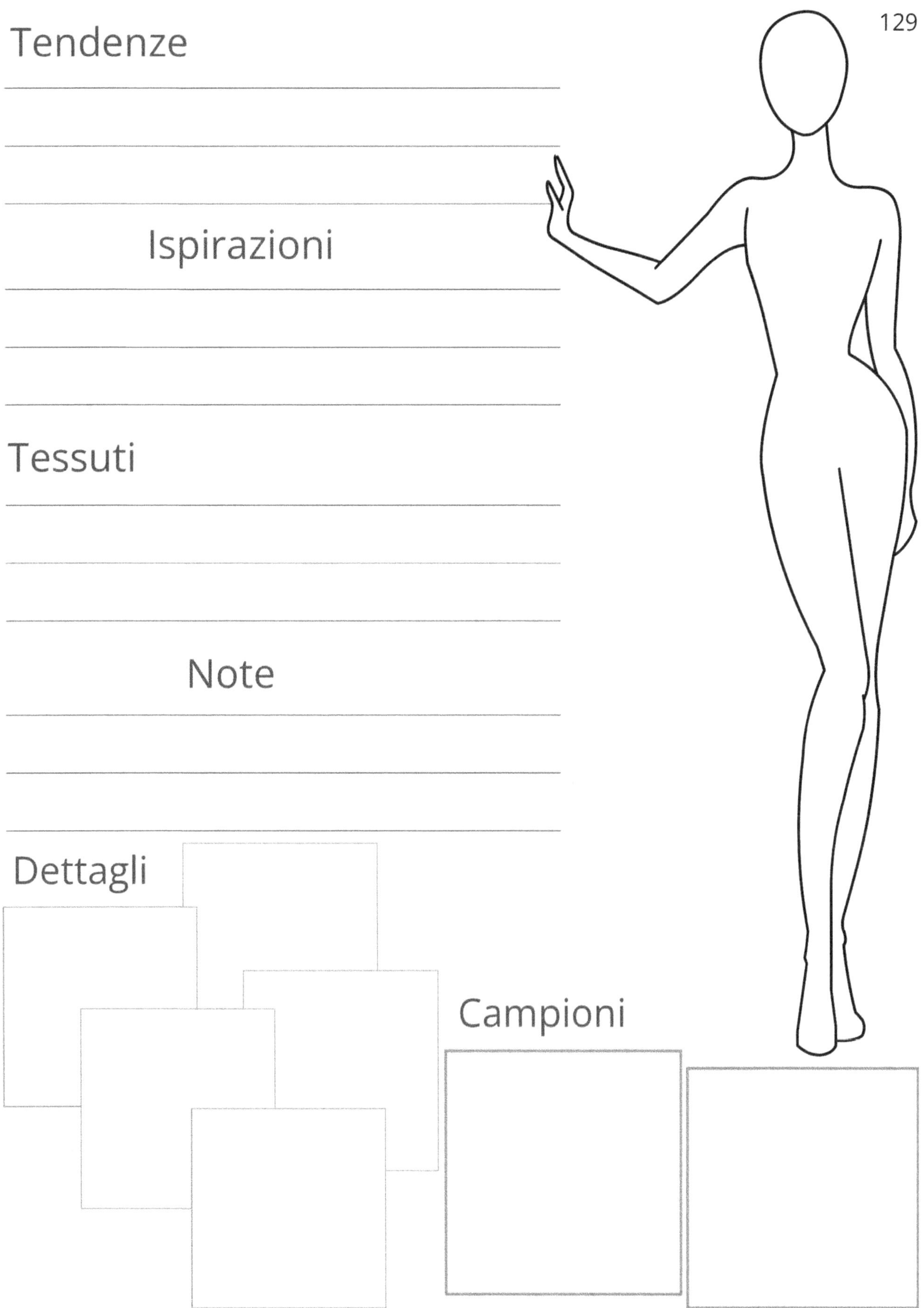

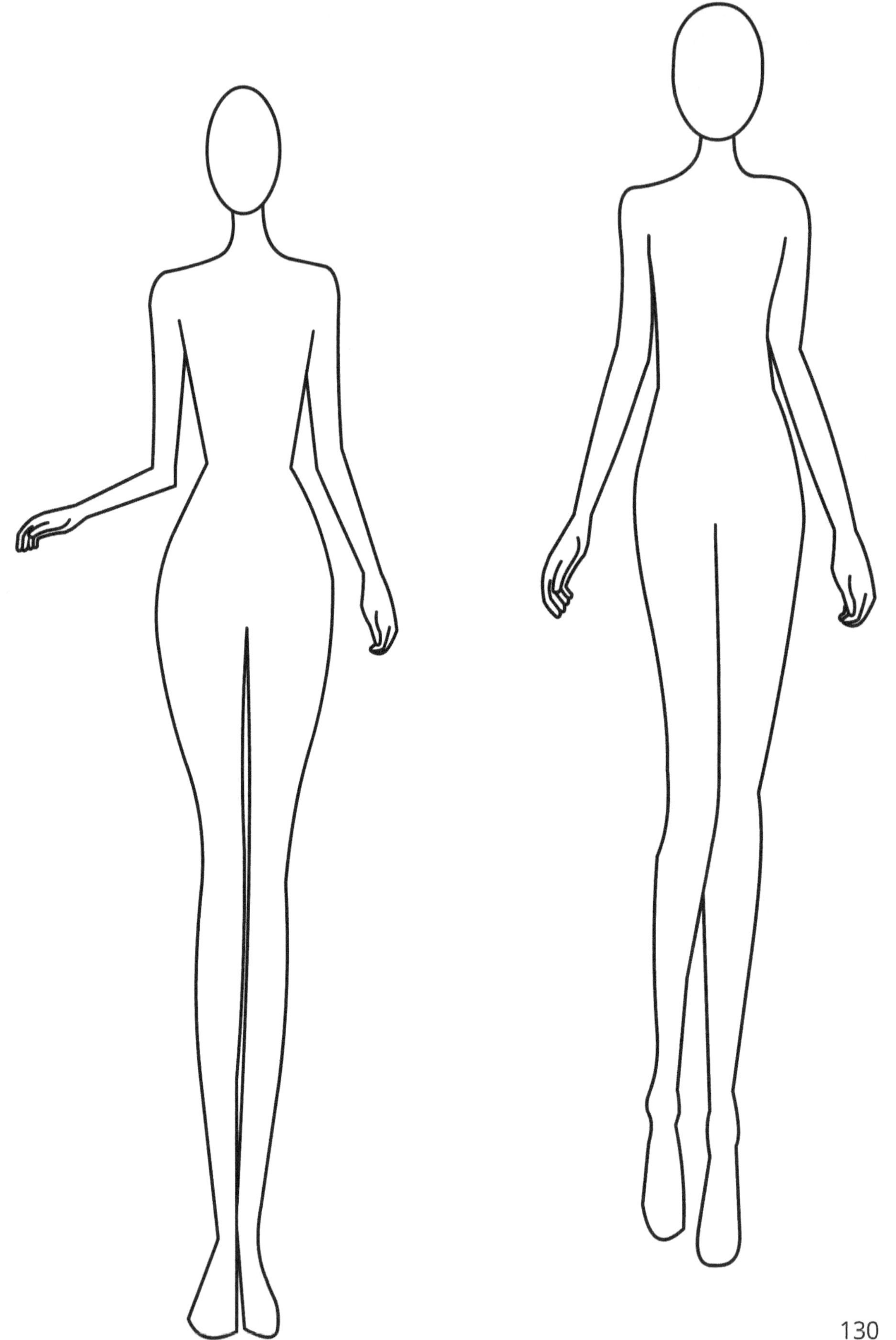

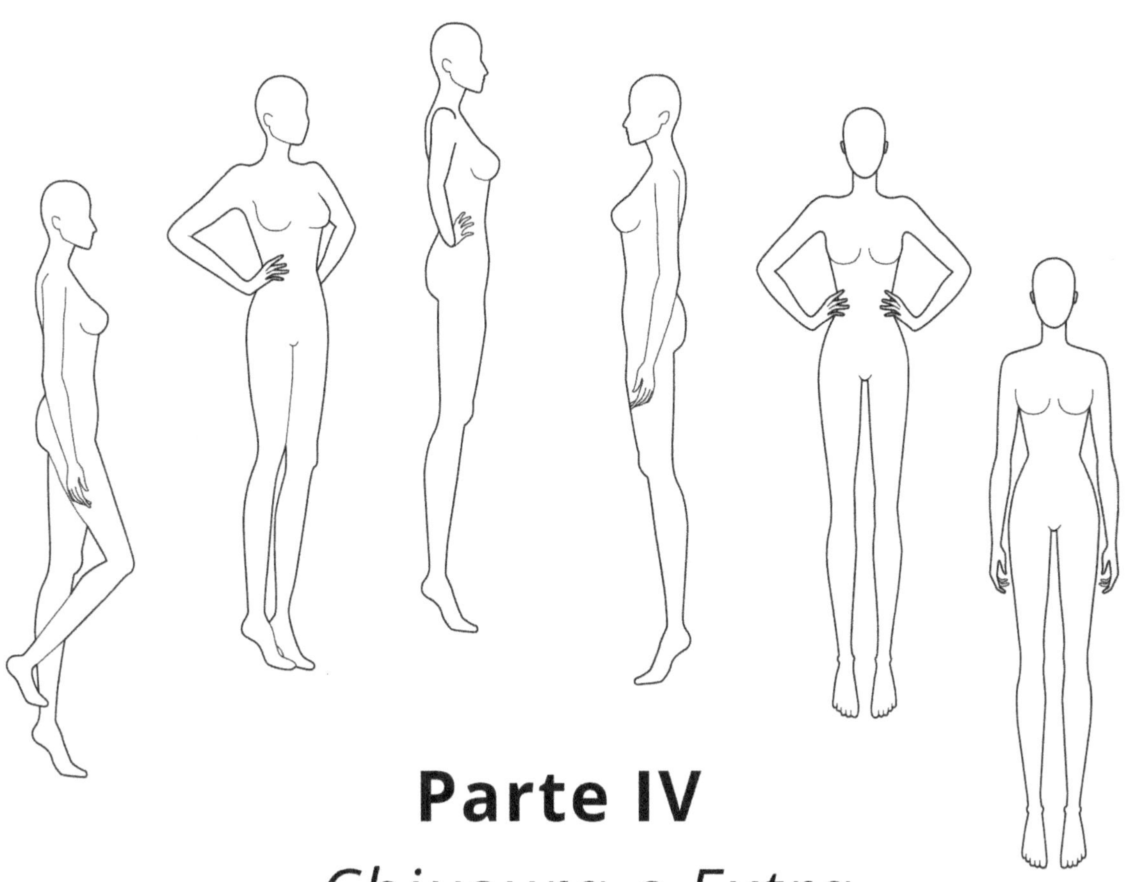

Parte IV
– Chiusura e Extra

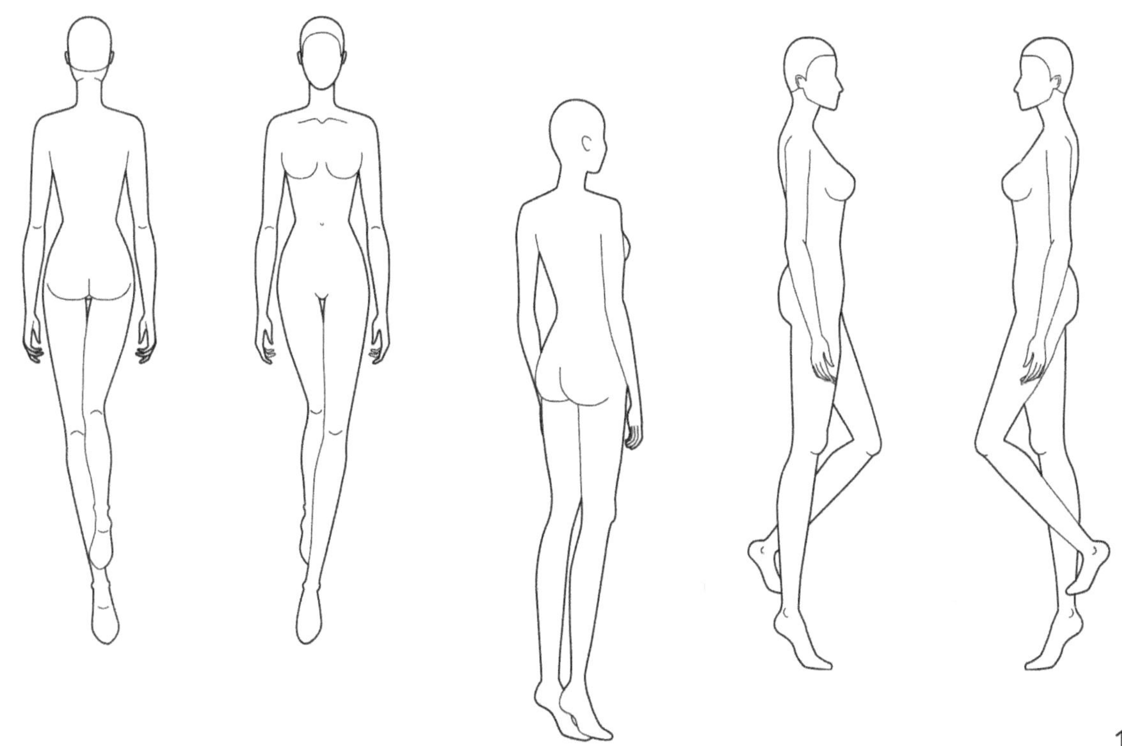

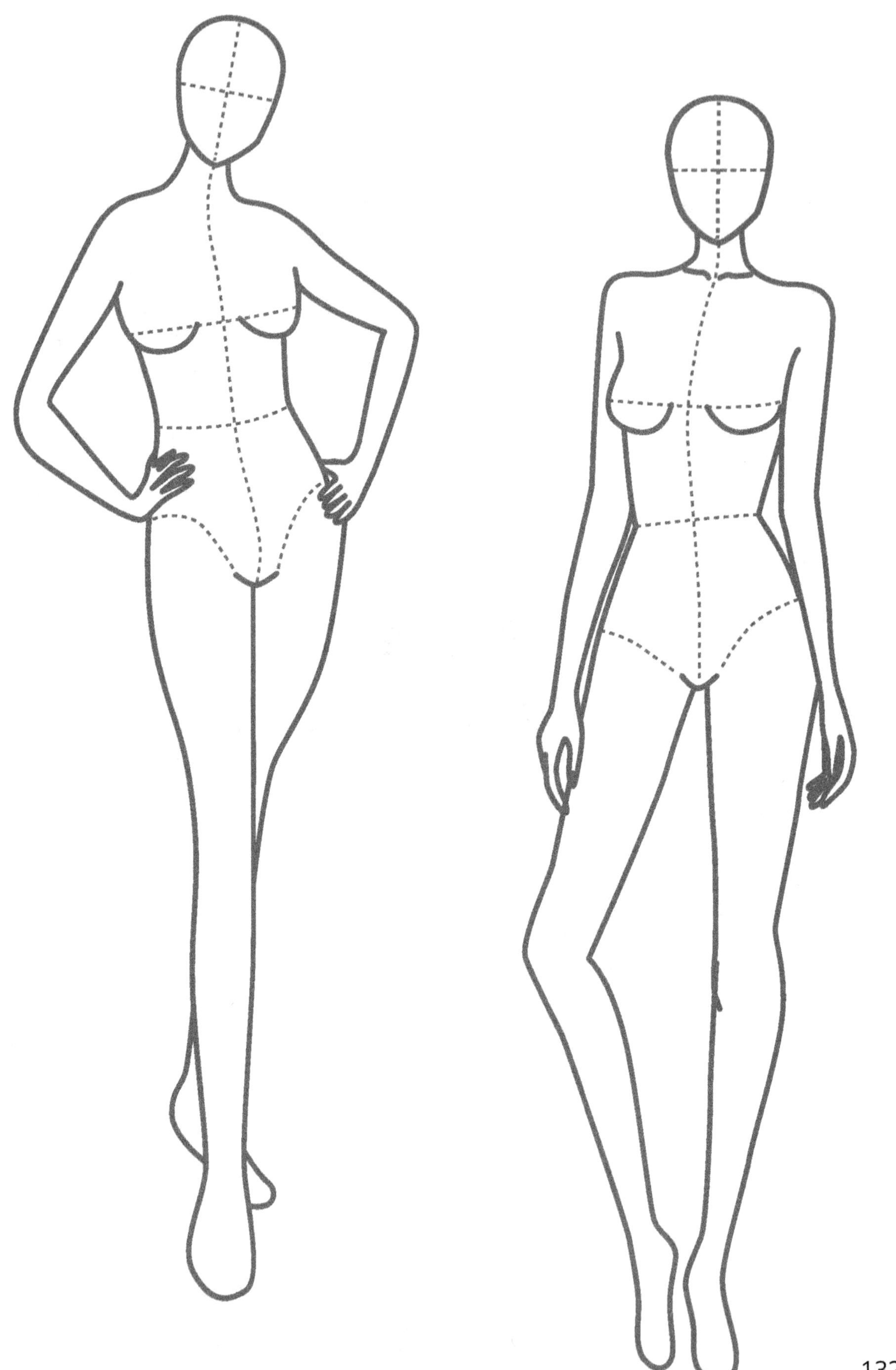

Ridisegna una Silhouette Classica

Prendi una silhouette intramontabile (come una gonna a tubo, un trench o un piccolo abito nero) e ridisegnala in tre versioni diverse. Pensa a come tessuti, colori e dettagli possono rendere un capo classico moderno e interessante. Puoi aggiungere asimmetrie, giocare con le texture o unire elementi inaspettati. Questa sfida ti aiuterà a rompere le regole tradizionali mantenendo una base solida.

Spunti guidati:
- Quale silhouette classica hai scelto?
- Quali modifiche la renderanno più attuale?
- Come descriveresti la tua reinterpretazione in una parola?

Consiglio professionale: *"L'innovazione nasce da piccole variazioni su forme familiari."*

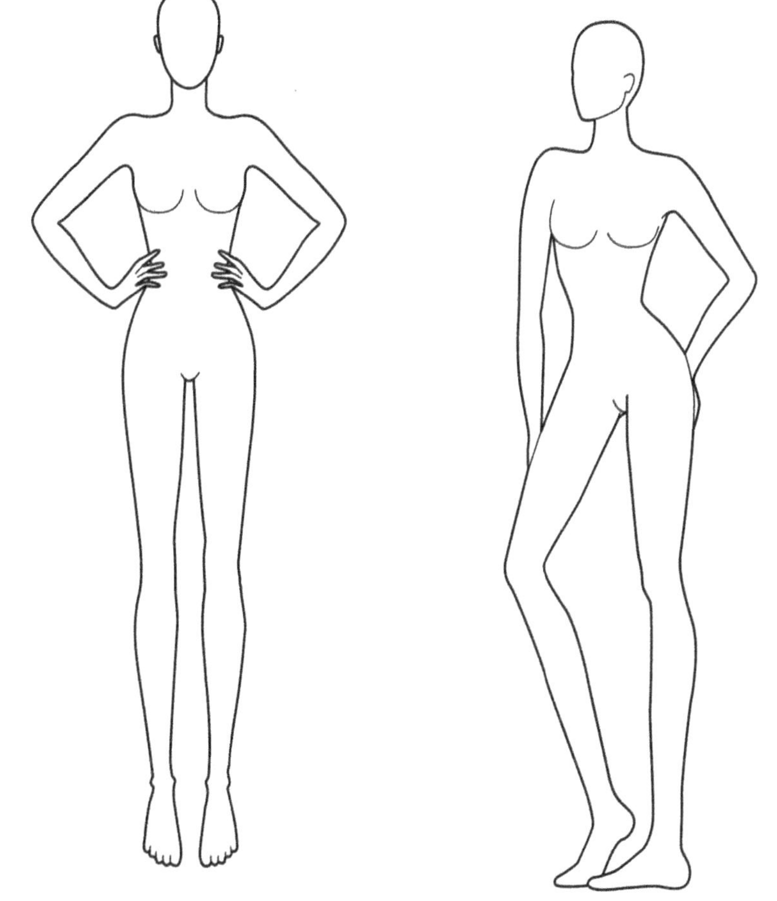

Sfida Capsule Wardrobe

Progetta un guardaroba capsule composto da 5 capi che funzionino insieme. Pensa a top, pantaloni e capi sovrapponibili che possano essere combinati per creare diversi outfit. Questo esercizio ti aiuta a concentrarti sulla coesione, sulla versatilità e su un'identità di stile chiara.

Spunti:

- Qual è il tema stilistico del tuo guardaroba capsule? (es. minimal chic, boho, grintoso)
- Quali colori o tessuti predominano?
- Come si combinano i capi tra loro?

Consiglio professionale*: "Se ogni capo si abbina a tutti gli altri, hai centrato l'obiettivo."*

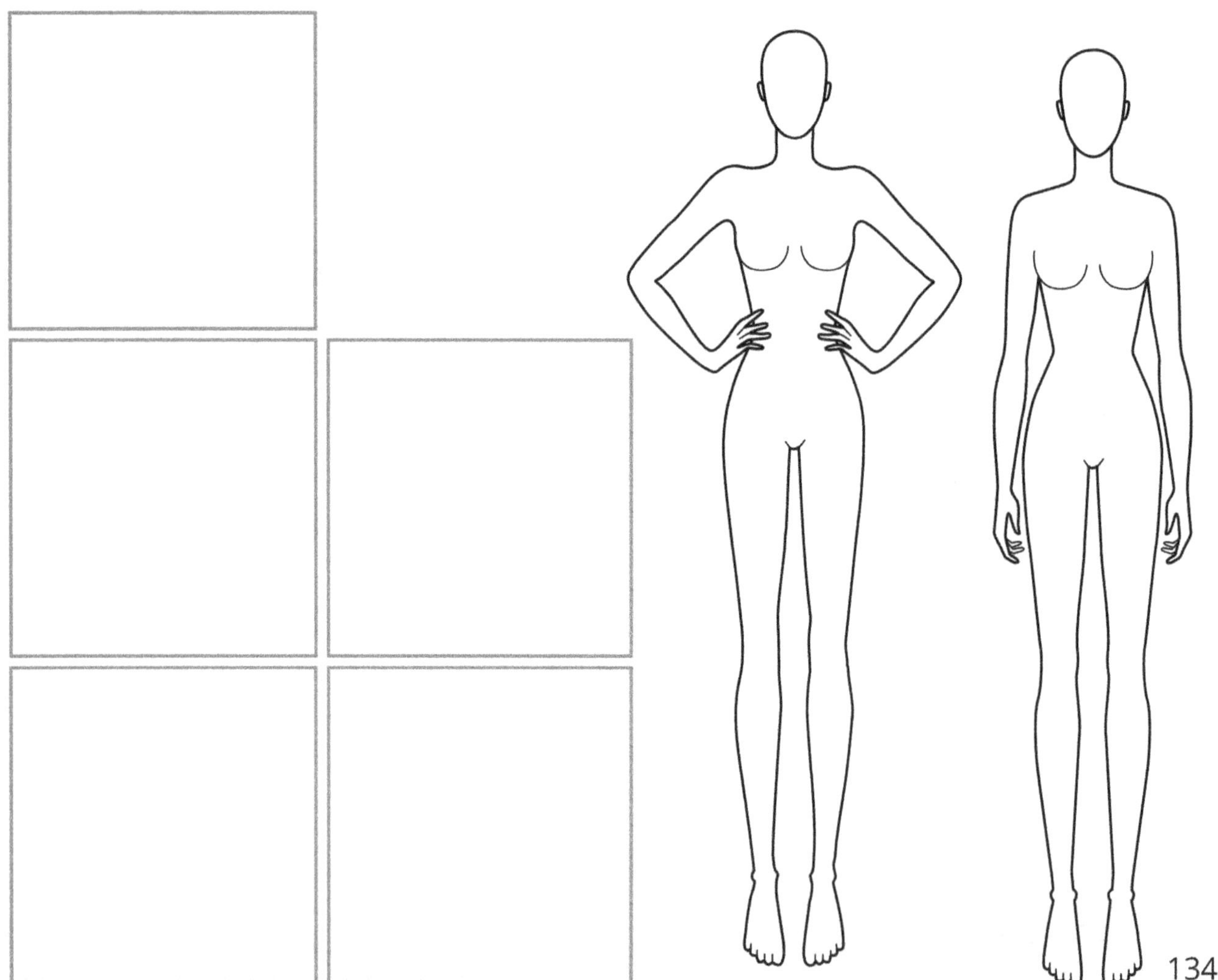

Ispirazione Stagionale

 Scegli una stagione - primavera, estate, autunno o inverno - e crea un outfit ispirato ai suoi colori, alle sue texture e alla sua atmosfera. Pensa oltre i cliché: magari un look invernale in pastelli inaspettati o un look estivo in toni terrosi e smorzati. Lascia che la stagione ti guidi, ma rendila personale.

Spunti:
- Quale stagione ha ispirato il tuo outfit?
- Quali colori o texture la rappresentano?
- In che modo questo design si differenzia dai look stagionali tipici?

Consiglio professionale: *"Sorprendi chi guarda reinterpretando le aspettative stagionali."*

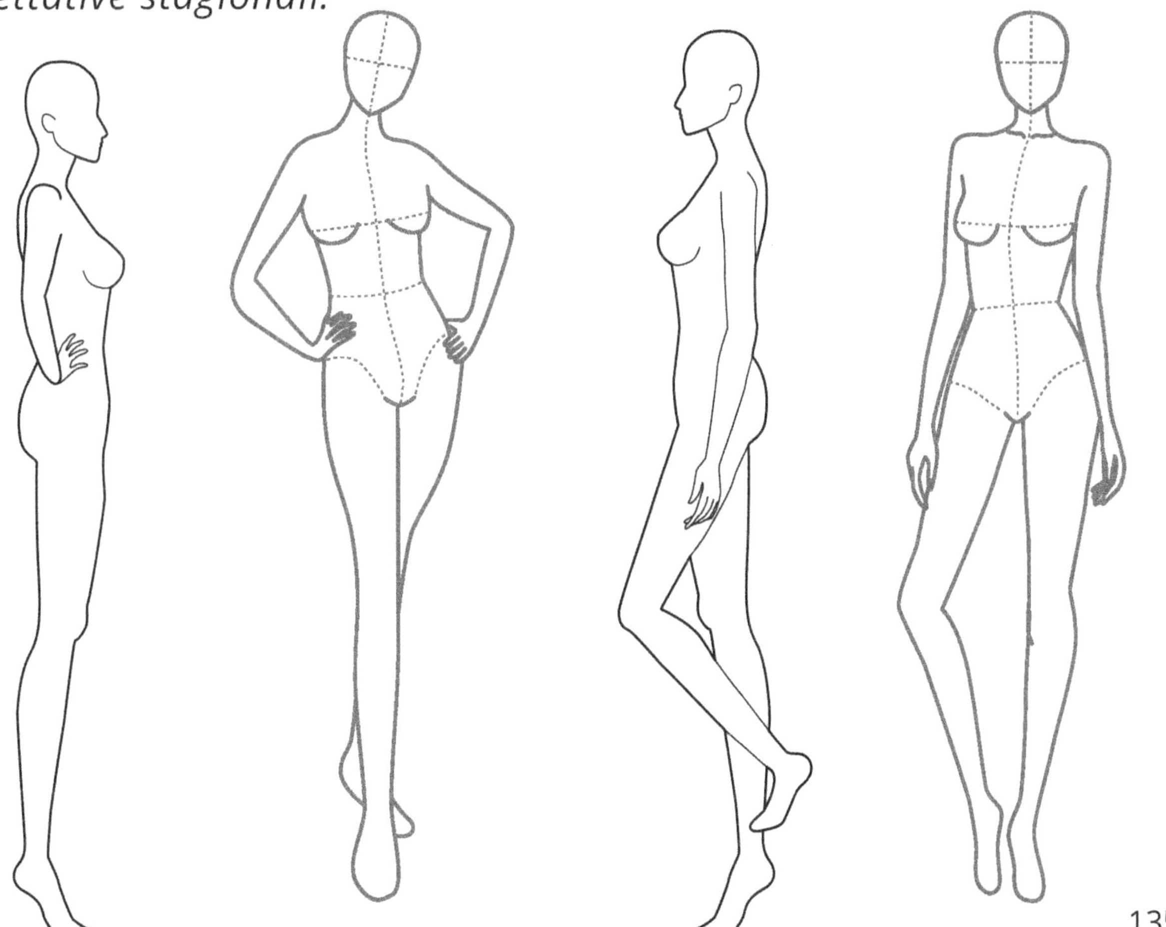

Trasformazione della T-shirt

Prendi il capo più basico - una semplice t-shirt - e reinventalo. Aggiungi maniche particolari, modifica lo scollo, sperimenta con le stampe o trasformala in un abito. La sfida: mantieni riconoscibile la t-shirt, ma falla diventare un pezzo di carattere.

Spunti:

- Qual è l'atmosfera della tua nuova t-shirt?
- Quale elemento hai cambiato in modo più evidente?
- Dove si potrebbe indossare il tuo capo reinventato?

Consiglio professionale: *"La semplicità è la tela perfetta per le idee audaci."*

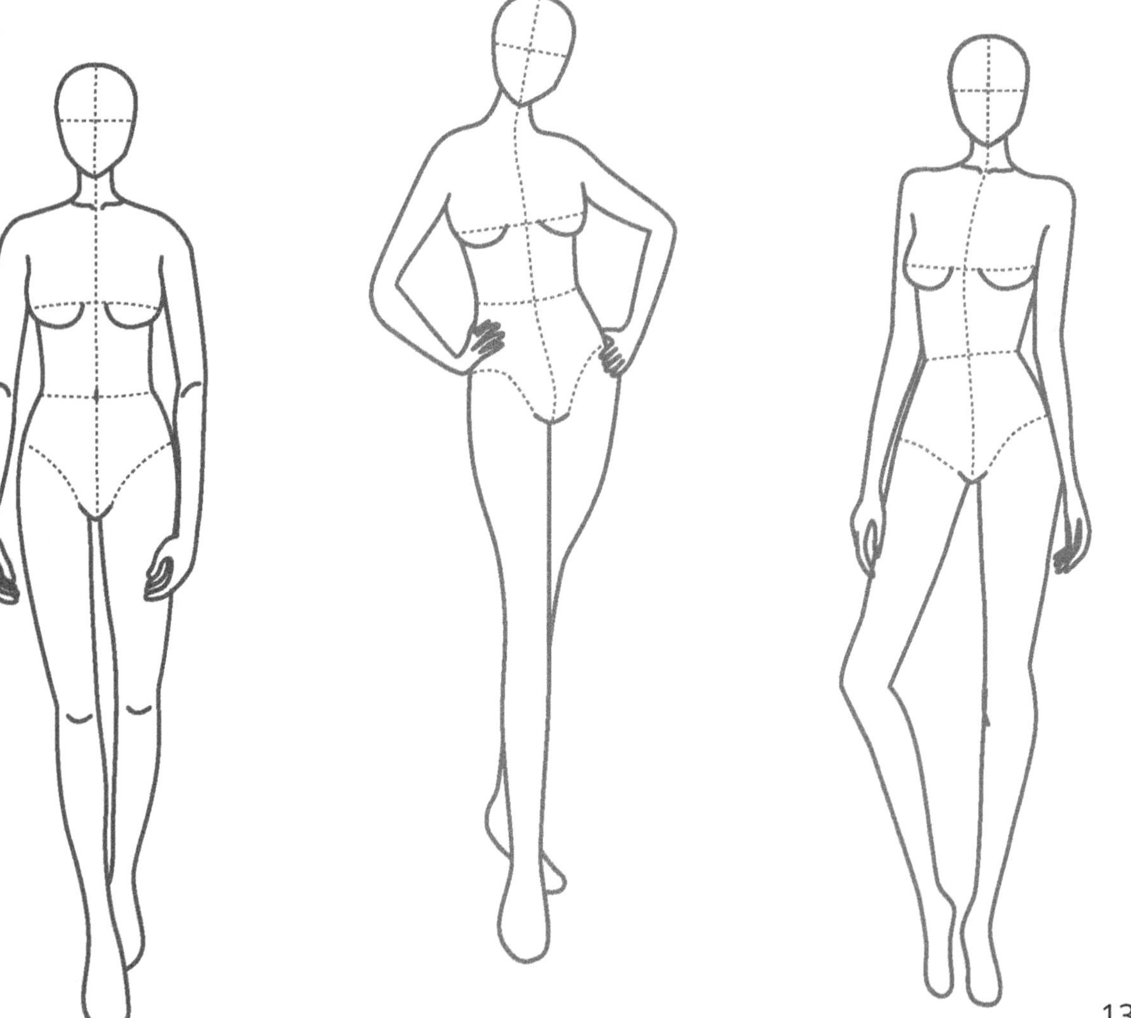

Mix & Match degli Opposti

Combina due stili contrastanti - come sportivo e romantico, business e boho, moda stradale e lusso - e progetta un outfit che li fonda insieme. Questo esercizio ti insegna come gli opposti possano creare nuovi linguaggi della moda entusiasmanti.

Spunti:
- Quali due stili stai combinando?
- Qual è l'elemento "ponte" che li fa funzionare insieme?
- L'outfit tende più verso uno stile o li bilancia entrambi?

Consiglio professionale*: "I look più memorabili della moda nascono dai contrasti."*

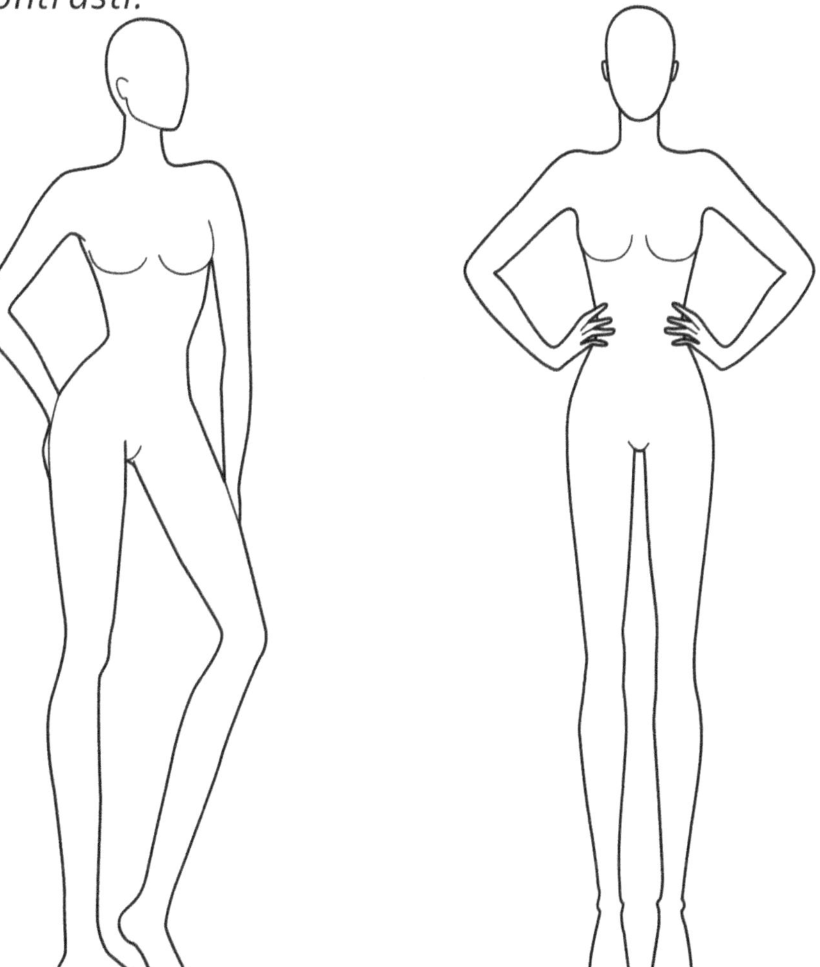

Focus sugli Accessori

Progetta un look in cui gli accessori siano i protagonisti. Scarpe, borse, cappelli, gioielli - tutto è permesso. Mantieni l'abbigliamento semplice in modo che gli accessori risaltino. Questo esercizio allena l'occhio a bilanciare i punti focali di un outfit.

Spunti:
- Quale accessorio ruba la scena?
- In che modo i vestiti valorizzano l'accessorio?
- Questo look funzionerebbe senza l'accessorio?

Consiglio professionale: *"Gli accessori possono trasformare un outfit basico in uno stile distintivo."*

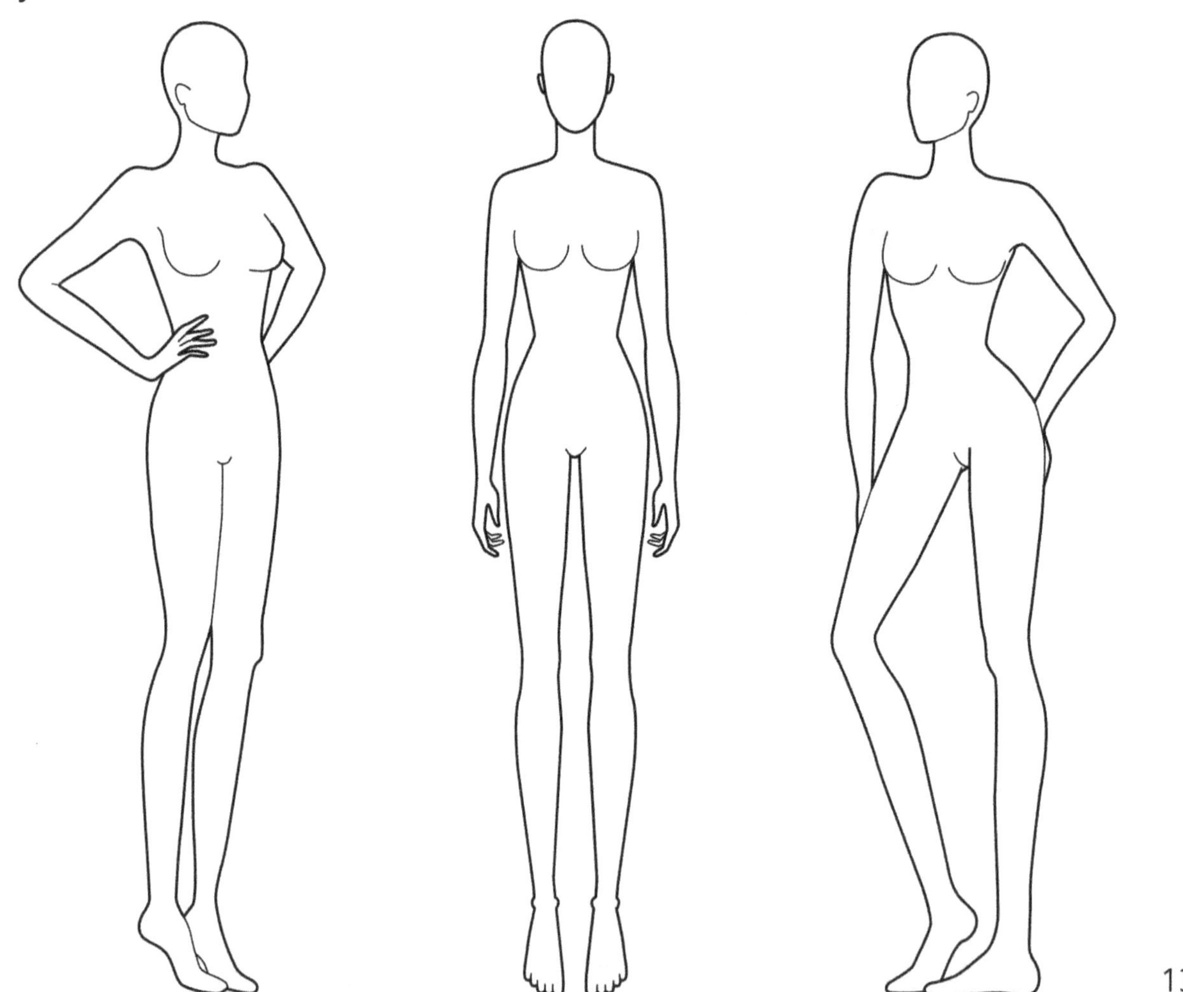

La Moda nel Tempo

Scegli un decennio o uno stile storico e modernizzalo. Magari maniche vittoriane nella moda stradale, perline anni '20 su una tuta sportiva, o grunge anni '90 in tessuti di lusso. Questo esercizio ti insegna a trarre ispirazione dalla storia mantenendo il design fresco e attuale.

Spunti:
- Quale periodo storico ti ha ispirato?
- Quale tocco moderno hai aggiunto?
- Come si inserisce questo design nelle tendenze attuali?

Consiglio professionale*: "Il futuro della moda si costruisce sul suo passato."*

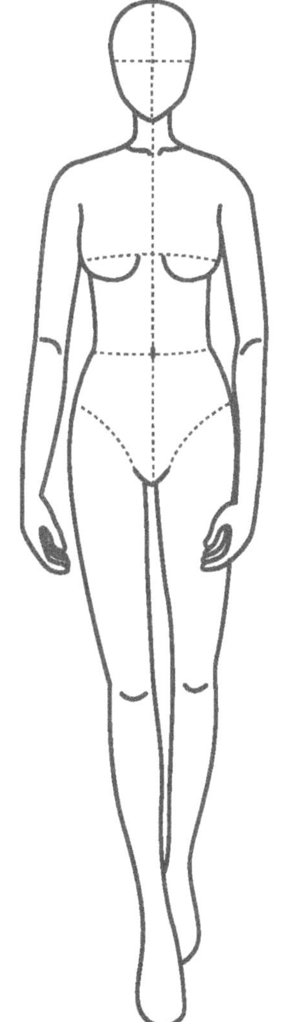

Dal Moodboard all'Outfit

Crea un mini moodboard e poi disegna un outfit ispirato ad esso. Raccogli colori, texture e immagini che ti ispirano, incollale o disegnale nello spazio qui sotto, quindi traduci quella sensazione in un look indossabile.

Spunti:

- Qual è il tema del tuo moodboard?
- Quali elementi si sono tradotti nel tuo design?
- L'outfit finale "trasmette" l'atmosfera del tuo moodboard?

Consiglio professionale:

"Un concetto forte = una collezione forte."

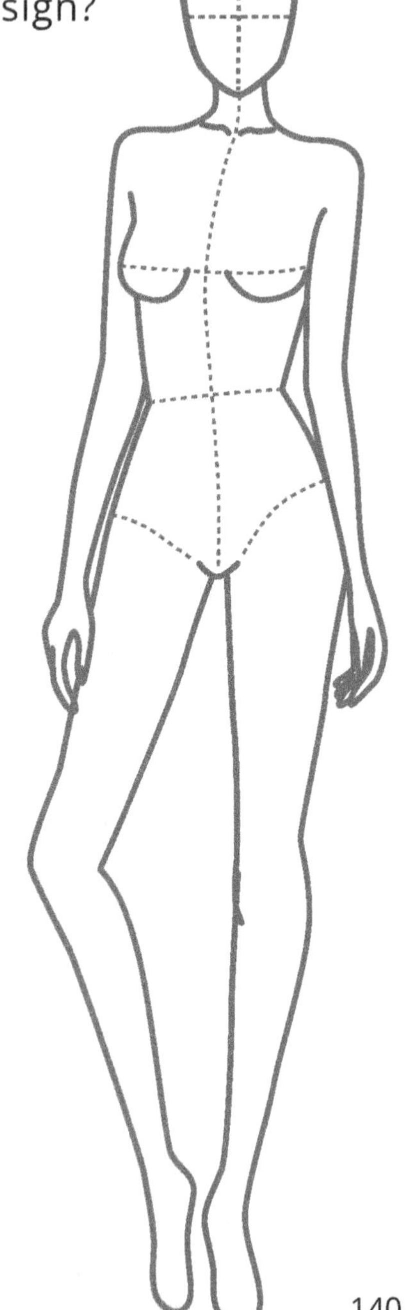

Checklist del Fashion Designer

Ogni designer ha bisogno degli strumenti giusti. Usa questa checklist per assicurarti di essere pronto per ogni sessione di disegno e progetto creativo. Spunta le caselle mentre costruisci il tuo kit creativo e aggiungi i tuoi indispensabili!

Essenziali per il Design

- Quaderno e fogli bianchi ....
- Template di figure fashion ....
- Matite (HB, 2B, 4B) ....
- Pennarelli a punta fine e penne a inchiostro ....
- Gomma e temperamatite ....
- Righelli e curve francesi ....

Colori e Texture

- Matite colorate ....
- Pennarelli / Marker ad alcool ....
- Acquerelli o gouache ....
- Campioni di tessuto ....
- Esempi di texture ....

Strumenti e Accessori

- Forbici e cutter ....
- Colla stick / Nastro adesivo ....
- Metro da sarta ....
- Spilli / Clip ....
- Cartella portfolio ....

Strumenti Digitali (opzionali)

- Tavoletta grafica ....
- Penna digitale ....
- Software di moda (CAD / App di disegno) ....

Ricerca Tessile

- Cataloghi di tessuti ....
- Riviste di tendenza ....
- Materiali per moodboard ....

I Miei Tessuti e Brand Preferiti
– *Spazio per Appunti*

Questa pagina è tutta per te! Scrivi i tuoi tessuti, texture e brand preferiti. Pensa ai materiali che ti ispirano di più - che sia la seta morbida, il denim resistente o il velluto lussuoso.

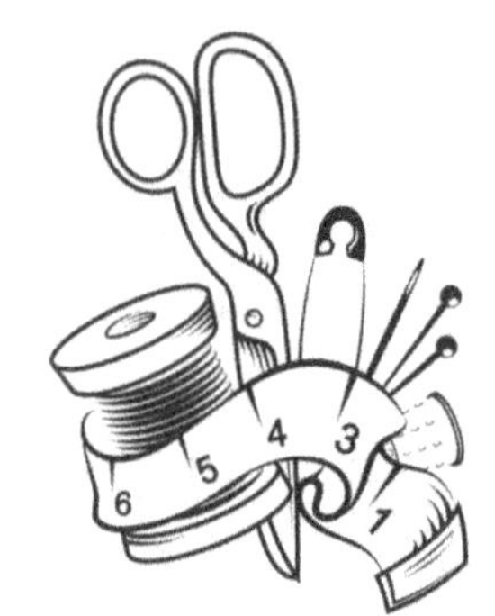

- I miei 3 tessuti preferiti:
- Tessuti con cui vorrei lavorare:
- Il mio negozio / brand tessile di riferimento:
- Il tessuto che rappresenta il mio stile:
- Il materiale dei miei sogni per il futuro:

Lascia spazio per appunti e piccoli riquadri dove inserire campioni di tessuto o esempi incollati.

Il Mio Diario Personale di Moda

Uno spazio per le tue riflessioni come designer.

 Hai raggiunto la sezione finale di questo quaderno - ma questo è solo l'inizio del tuo percorso creativo. Usa questa pagina per annotare pensieri, lezioni e sogni:

- Cosa ho imparato finora:
- I miei design preferiti che ho creato:
- Lo stile che mi rappresenta di più:
- I prossimi obiettivi come designer:

"Ogni schizzo è una nuova possibilità. Continua a sperimentare, disegnare e creare."

____

____

____

____

____

____

____

____

____

____

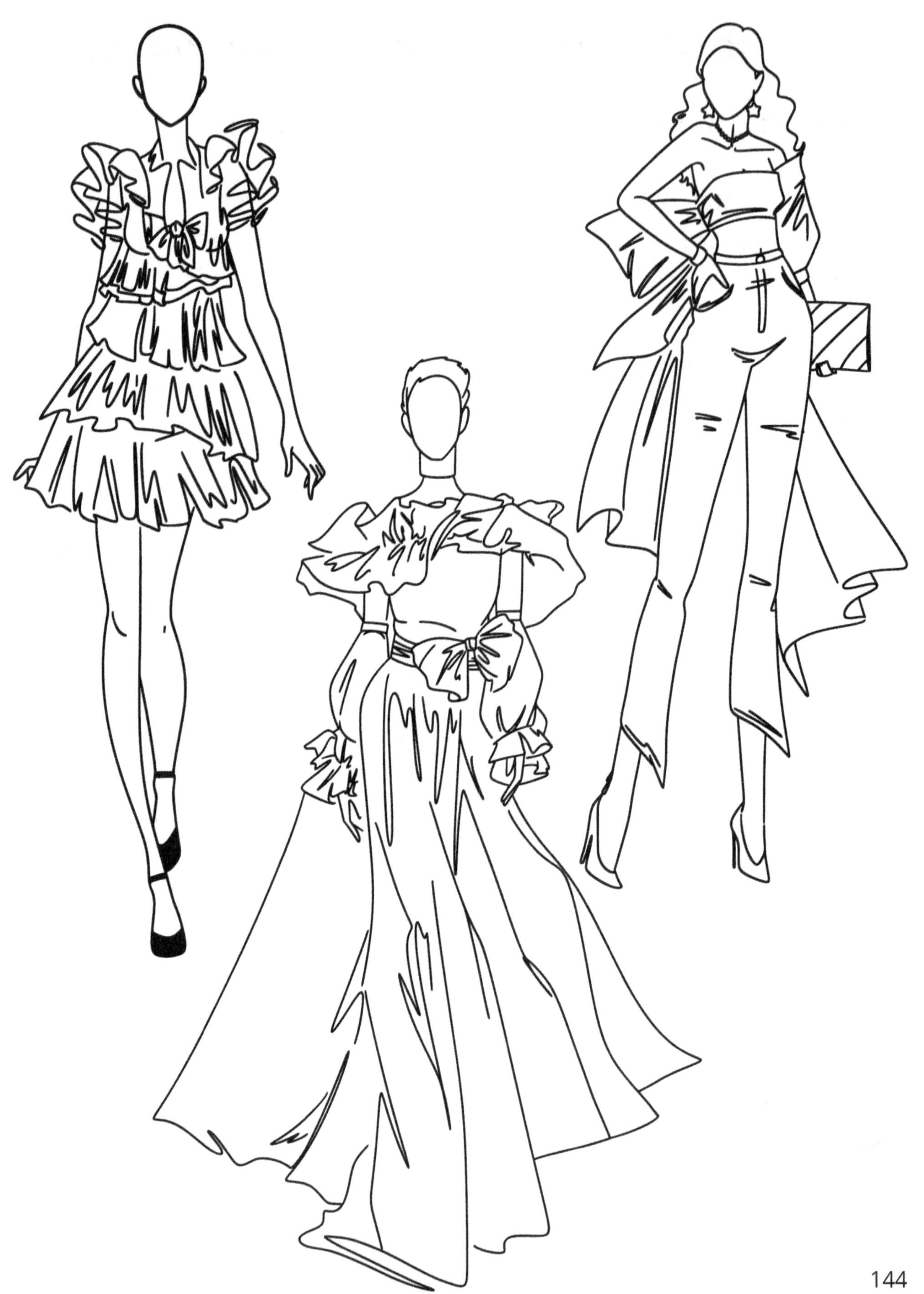

Congratulazioni!
Ce l'Hai Fatta!

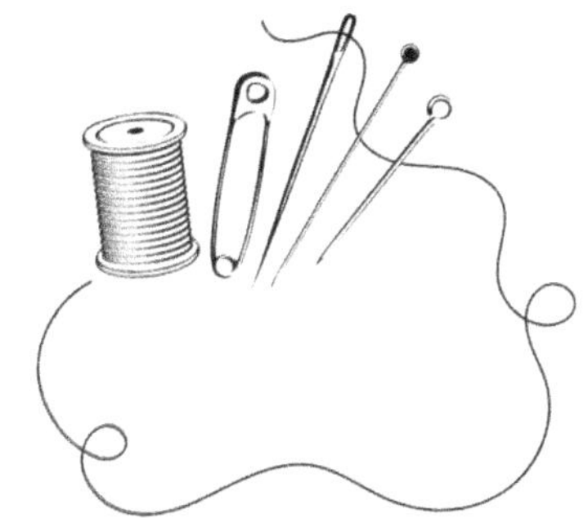

Congratulazioni, Designer!

Hai raggiunto le ultime pagine di questo libro di pratica, il che significa che hai investito tempo, energia e creatività per sviluppare la tua visione.

Che tu sia partito da principiante o con esperienza, ogni schizzo, idea e appunto che hai aggiunto qui è stato un passo avanti nel tuo percorso.

La moda è più di tessuti e abiti. È narrazione, identità e creatività. Ogni esercizio che hai completato ti ha avvicinato a definire il tuo stile unico e a costruire fiducia nel tuo talento.

Ricorda: la crescita nasce dalla costanza. Continua a disegnare, esplorare e - soprattutto - divertiti con la tua arte.

Ci piacerebbe sentire la tua opinione!

Se questo quaderno ti ha ispirato, prenditi un momento per condividere il tuo feedback. La tua esperienza può aiutare altri aspiranti designer a scoprire questo libro e a iniziare il proprio percorso creativo.

Grazie per aver fatto parte di questa avventura!
Continua a disegnare, a creare
e a esprimere sempre la tua visione!

Niky Jadesson

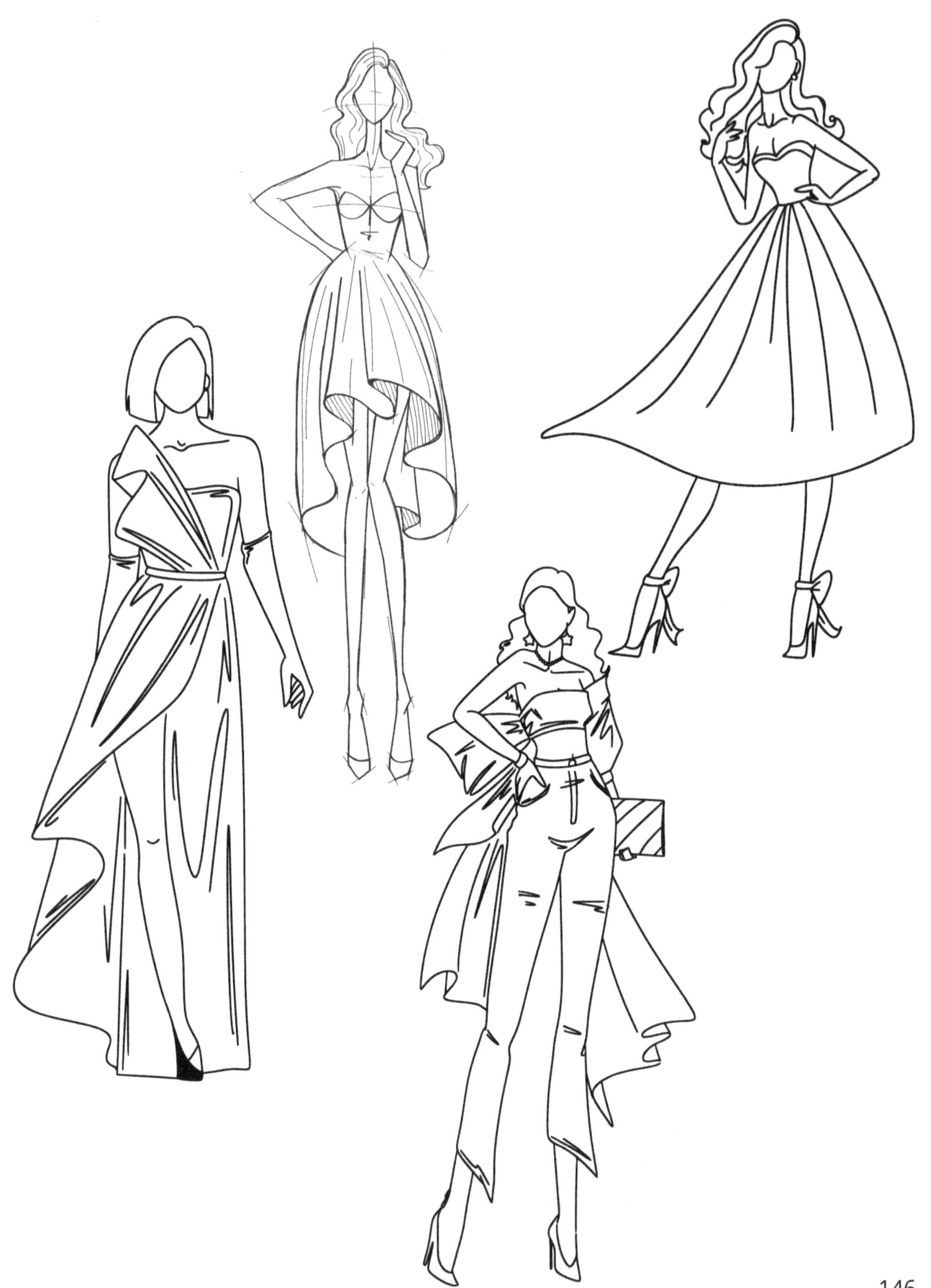

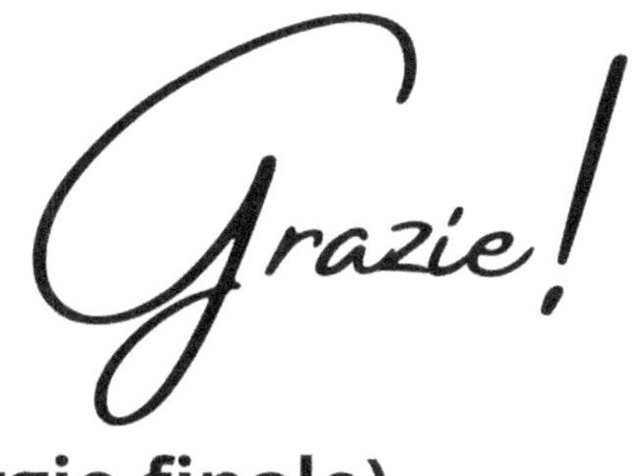

Grazie!

(Messaggio finale)

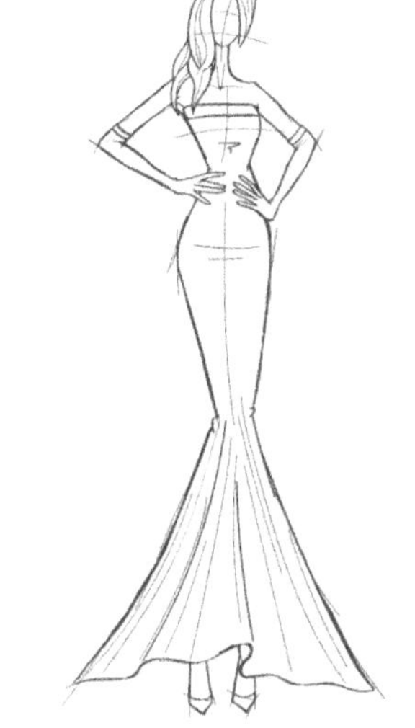

Grazie per essere qui!

Speriamo che questo quaderno ti sia piaciuto e che lo abbia trovato stimolante, pratico e divertente da usare.

Il tuo supporto significa moltissimo per noi!

Essendo un progetto editoriale indipendente, ogni recensione, parola gentile o suggerimento ci aiuta a continuare a creare strumenti per aspiranti fashion designer come te.

Se vuoi condividere feedback, suggerimenti o semplicemente salutarci, ci farebbe piacere sentirti:

nikyjadesson@gmail.com

Puoi anche scoprire altre varianti di questo quaderno cercando **Niky Jadesson Books**.

Grazie ancora per aver fatto parte di questo viaggio creativo - che la tua arte continui a brillare con ogni nuovo schizzo che darai vita!

Niky Jadesson

Grazie per Aver Scelto Questo Libro!

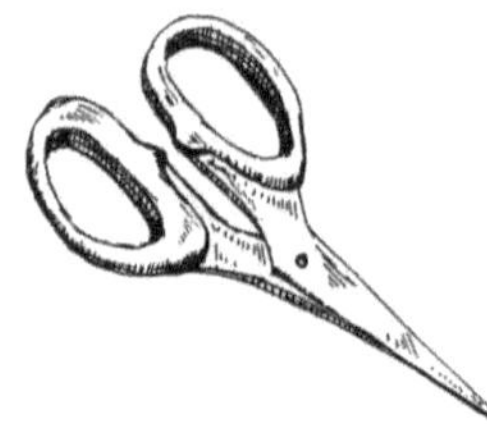 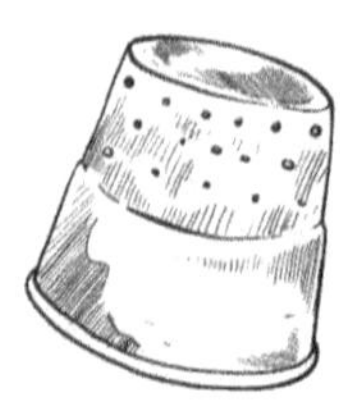 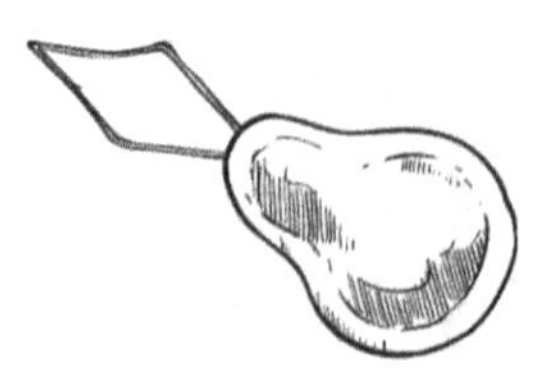 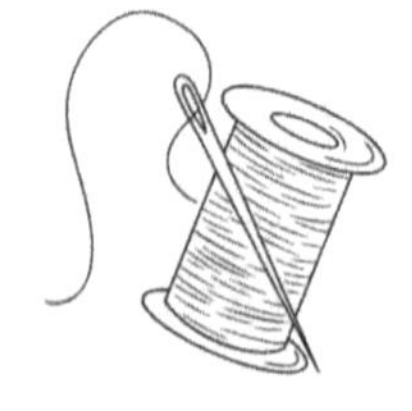

Apprezziamo profondamente il tempo, l'impegno e la passione che hai dedicato a questo Quaderno.

La tua creatività ci ispira a continuare a realizzare risorse che incoraggiano la crescita, la fiducia e l'autoespressione.

Se hai trovato utile questo libro, la tua recensione è preziosa - aiuta altri creativi a scoprirlo e sostiene la nostra missione di condivisione.

Vuoi esplorare di più?

Puoi trovare altri design e varianti cercando online **Niky Jadesson Books**.

Grazie ancora e, soprattutto:

Continua a disegnare, creare e a dare vita alla tua arte!

Niky Jadesson

Sull'Autrice

Niky Jadesson è un'autrice e designer creativa, appassionata di unire educazione e immaginazione.

Con amore per l'arte e l'autoespressione, crea libri che aiutano i lettori a esplorare la loro creatività, sviluppare nuove abilità e godersi il processo lungo il percorso.

La sua ispirazione nasce dalla gioia dell'apprendimento, dalla bellezza della trasformazione e dalla scintilla di fiducia che deriva dalla pratica.

Quando Niky non scrive o progetta nuovi progetti, ama passeggiare nella natura, sorseggiare tè e trovare nuovi modi per rendere l'apprendimento e la creatività più divertenti.

La sua missione è semplice: ispirare e incoraggiare le persone a esprimersi, una pagina alla volta.

Scopri di più cercando: **Niky Jadesson Books**

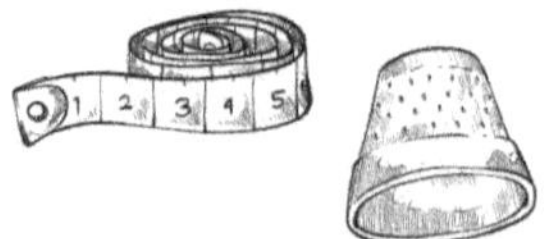

Glossario dei Termini di Moda

- **Silhouette** – La forma o il profilo generale di un capo. È la prima impressione che un design trasmette.
- **Modello (Pattern)** – Un modello usato per tagliare i pezzi di tessuto prima dell'assemblaggio.
- **Drappeggio (Drape)** – Il modo in cui il tessuto cade e si muove su un corpo o manichino.
- **Cucitura (Seam)** – La linea cucita dove due pezzi di tessuto si uniscono.
- **Orlo (Hemline)** – Il bordo inferiore di un capo, solitamente rifinito per evitare che si sfilacci.
- **Corpino (Bodice)** – La parte superiore di un capo che copre il busto.
- **Linea di vita (Waistline)** – La linea dove il corpino incontra la parte inferiore del capo, definendo la proporzione.
- **Pieghe (Pleat)** – Una piega intenzionale nel tessuto per aggiungere forma, volume o dettaglio.
- **Arricciatura (Ruching)** – Tessuto raccolto per dare forma o decorazione.
- **Fodera (Lining)** – Uno strato di tessuto interno che dona comfort e rifinitura.
- **Tessuto (Textile)** – Qualsiasi materiale tessuto, lavorato a maglia o prodotto industrialmente usato nella moda.
- **Fibra (Fiber)** – Il materiale di base da cui si producono i tessuti (cotone, lana, seta, poliestere, ecc.).
- **Couture** – Capi d'alta moda esclusivi e realizzati su misura, spesso cuciti a mano.
- **Prêt-à-porter (Ready-to-Wear)** – Abbigliamento prodotto in taglie standard e venduto nei negozi.
- **Capsule Wardrobe** – Una piccola collezione di capi essenziali e versatili, pensata per essere facilmente combinata.
- Layering – Tecnica di sovrapporre più capi per creare profondità e flessibilità.

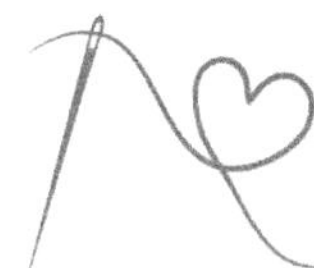 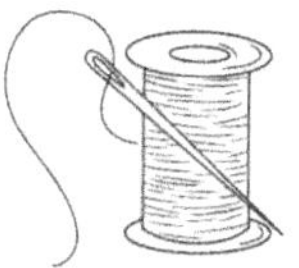

Glossario dei Termini di Moda
(continua)

- **Palette di Colori (Color Palette)** – L'insieme di colori scelti per una collezione o un outfit.
- **Tendenza (Trend)** – Uno stile, dettaglio o forma di capo popolare in un determinato periodo.
- **Moodboard** – Un collage visivo di immagini, colori e texture che ispirano un design.
- **Pince (Dart)** – Una piega cucita che adatta il tessuto alle curve del corpo.
- **Carré (Yoke)** – Un pannello sagomato (spesso su spalle o fianchi) che sostiene il resto del capo.
- **Taglio in Sbiego (Bias Cut)** – Tagliare il tessuto in diagonale rispetto alla trama per una migliore fluidità.
- **Decorazioni (Trim)** – Elementi decorativi come pizzi, nastri o ricami.
- **Merceria (Notions)** – Piccoli accessori usati nella confezione dei capi (cerniere, bottoni, ganci).
- **Moda Sostenibile (Sustainable Fashion)** – Abbigliamento progettato con responsabilità ambientale ed etica.
- **Fast Fashion** – Moda prodotta in grandi quantità e a basso costo, ispirata alle tendenze del momento.
- **Haute Couture** – Il più alto livello di artigianalità nella moda, spesso unico e fatto su misura.
- **Collezione (Collection)** – Un insieme coordinato di capi presentato da un designer in una stagione.

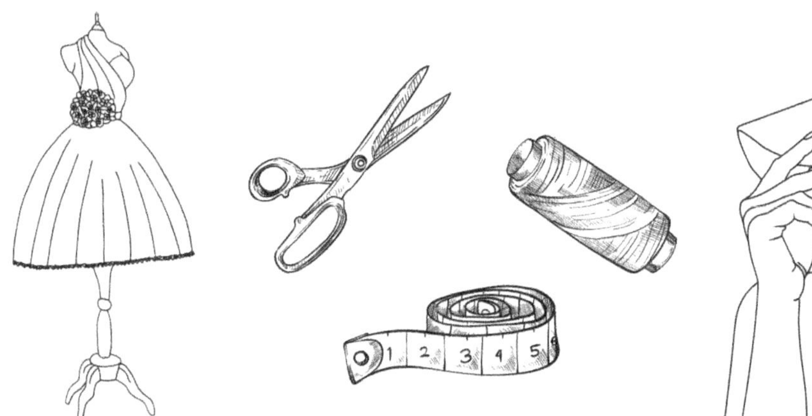

www.ingramcontent.com/pod-product-compliance
Lightning Source LLC
Chambersburg PA
CBHW080449030726
47592CB00011B/3036